Conversational Chinese Dialogues

50 Chinese Conversations to Easily Improve Your Vocabulary & Become Fluent Faster

CONVERSATIONAL CHINESE DUAL LANGUAGE

BOOKS VOL. 1

TOURI

https://touri.co/

ISBN: 978-1-953149-23-7

Copyright © 2020 by Touri Language Learning.
Second Paperback Edition: June 2020
First Paperback Edition: March 2019

All Right Reserved

No part of this publication may be reproduced, stored in a retrieval system, or transmitted in any form or by any means, electronic, mechanical, photocopying, recording, or otherwise, without written permission of the publisher

Contents

Free Audiobooks 1
Resources 2
Want the next Chinese book for free? 5
Introduction 6
Survival Phrases 12
1. 正式的问候 – **Formal Greeting** 18
2. 非正式的问候 – **Informal Greeting** 20
3. 打个电话 – **A Telephone Call** 22
4. 现在几点了？– **What Time Is It?** 24
5. 你能再说一遍吗？– **Can You Say That Again?** 26
6. 巧合 – **Coincidences** 28
7. 天气 – **The Weather** 30
8. 点餐 – **Ordering Food** 32
9. 拜访医生 – **Visiting the Doctor** 34
10. 寻求方向 – **Asking For Directions** 36
11. 寻求帮助 – **Calling For Help** 38
12. 购物 – **Shopping** 40
13. 出门办事 – **Running Errands** 42
14. 在邮局 – **At The Post Office** 44
15. 考试 – **The Exam** 46
16. 完美的毛衣 – **The Perfect Sweater** 48
17. 出租车或公共汽车 – **Taxi or Bus** 50
18. 你几岁？– **How Old Are You?** 52
19. 在戏院 – **At The Theater** 54
20. 你最擅长的是什么？– **What Are You Good At Doing?** ... 56
21. 你最喜欢的运动是什么？– **What Is Your Favorite Sport?** ... 58
22. 去观看音乐剧 – **Going To See A Musical** 60
23. 度假 – **Taking A Vacation** 62
24. 在宠物店 – **At The Pet Store** 64
25. 表达你的意见 – **Expressing Your Opinion** 66
26. 爱好 – **Hobbies** 68
27. 婚礼 – **The Wedding** 70
28. 给建议 – **Giving Advice** 72
29. 教导孩子们 – **Teaching Children** 74

30.	网球乐趣 – **Fun With Tennis**	77
31.	住在加利福尼亚州 – **Living In California**	80
32.	烘焙 – **Baking**	83
33.	通过电话提供帮助 – **Help Over The Phone**	86
34.	去听演唱会 – **Let's Go To A Concert**	90
35.	准备计划 – **Making Plans**	94
36.	寒假 – **Winter Break**	97
37.	拜访医生 – **Visiting The Doctor**	101
38.	市场 – **The Market**	105
39.	找一个公寓 – **Let's Get An Apartment**	108
40.	特许摊位 – **The Concesssion Stand**	111
41.	午餐时间 – **Lunchtime**	114
42.	寻找工作 – **Searching For A Job**	117
43.	工作面试 – **Job Interview**	120
44.	发表演讲 – **Giving A Presentation**	125
45.	毕业 – **Graduation**	128
46.	万圣节 – **Halloween**	130
47.	在酒店 – **At a Hotel**	133
48.	一个外国学生 – **A Foreign Student**	136
49.	拖延 – tuō yán – **Procrastination**	139
50.	我的弟弟在哪里 – **Where's My Brother**	142

Conclusion 145
About the Author 146
Other Books By Touri 147

Free Audiobooks

Touri has partnered with AudiobookRocket.com!

If you love audiobooks, here is your opportunity to get the NEWEST audiobooks completely FREE!

Thrillers, Fantasy, Young Adult, Kids, African-American Fiction, Women's Fiction, Sci-Fi, Comedy, Classics and many more genres!

Visit AudiobookRocket.com!

Resources

TOURI.CO

Some of the best ways to become fluent in a new language is through repetition, memorization and conversation. If you'd like to practice your newly learned vocabulary, Touri offers live fun and immersive 1-on-1 online language lessons with native instructors at nearly anytime of the day. For more information go to Touri.co now.

FACEBOOK GROUP
Learn Spanish - Touri Language Learning

Learn French - Touri Language Learning

YOUTUBE
Touri Language Learning Channel

ANDROID APP
Learn Spanish App for Beginners

BOOKS

SPANISH

Conversational Spanish Dialogues: 50 Spanish Conversations and Short Stories

Spanish Short Stories (Volume 1): 10 Exciting Short Stories to Easily Learn Spanish & Improve Your Vocabulary

Spanish Short Stories (Volume 2): 10 Exciting Short Stories to Easily Learn Spanish & Improve Your Vocabulary

Intermediate Spanish Short Stories (Volume 1): 10 Amazing Short Tales to Learn Spanish & Quickly Grow Your Vocabulary the Fun Way!

Intermediate Spanish Short Stories (Volume 2): 10 Amazing Short Tales to Learn Spanish & Quickly Grow Your Vocabulary the Fun Way!

100 Days of Real World Spanish: Useful Words & Phrases for All Levels to Help You Become Fluent Faster

100 Day Medical Spanish Challenge: Daily List of Relevant Medical Spanish Words & Phrases to Help You Become Fluent

FRENCH

Conversational French Dialogues: 50 French Conversations and Short Stories

French Short Stories for Beginners (Volume 1): 10 Exciting Short Stories to Easily Learn French & Improve Your Vocabulary

French Short Stories for Beginners (Volume 2): 10 Exciting Short Stories to Easily Learn French & Improve Your Vocabulary

Intermediate French Short Stories (Volume 1): 10 Amazing Short Tales to Learn French & Quickly Grow Your Vocabulary the Fun Way!

ITALIAN

Conversational Italian Dialogues: 50 Italian Conversations and Short Stories

PORTUGUESE

Conversational Portuguese Dialogues: 50 Portuguese Conversations and Short Stories

ARABIC

Conversational Arabic Dialogues: 50 Arabic Conversations and Short Stories

RUSSIAN

Conversational Russian Dialogues: 50 Russian Conversations and Short Stories

Want the next Chinese book for free?

https://touri.co/premium-access-chinese-dialogues/

Introduction

So you're ready to take the plunge and learn Chinese? What an excellent choice you have made to expand your horizons and open more doors of opportunities in your life.

If this is your first time or a continuation in your Chinese learning journey, we want you to know that we're proud of you.

With more than 1.4 billion people, China holds the world record for having the largest population on Earth. Did you know despite being quite a large and wide country, China has only one time zone – Standard Chinese time. This means that in the West of China, the sunrise can be as late as 10 AM!

Roughly 1 in 5 people worldwide are Chinese, which is equal to 20% of the total world population! While most of them reside within the People's Republic of China, it essentially means if you meet 5 people, at least one of them will be Chinese. As if you didn't already know, learning Chinese is important and will give you a huge edge in your future.

Learning a new language has a many benefits that expand far beyond simply navigating through a conversation with a native speaker. The ability to communicate in a foreign language will allow you to truly immerse yourself in different cultures, create more memorable travel experiences and become even more marketable for advancements in career opportunities.

It is human nature to naturally progress and learn from the day we are born. Since birth we have been shaping our preferences based on our previous experiences. These experiences have provided you important feedback about your likes, dislikes, what has made you better or worse and allowed you to learn from these lessons.

The same approach should be taken to learn a new language.

Our goal with this book is to provide engaging and fun learning material that is relevant and useful in the real Chinese-speaking world. Some students are provided with difficult or boring language materials that cause the learner to become overwhelmed and give up shortly after.

Building a strong foundation of vocabulary is critical to your improvement and reaching fluency. We *guarantee* you that this book is packed with vocabulary and phrases that you can start using today.

What this book is About & How it Works

A sure-fire way to exponentially decrease your time to Chinese fluency is to role play with key words and phrases that naturally occur in actual scenarios you experience on a daily basis.

This book has 50 examples of conversations, written in both Chinese and English so you never feel lost in translation, and will ensure you boost your conversational skills quickly.

You will find each chapter different from the last as two or more characters interact in real life scenarios. You will soon learn how to ask for directions, send a package at the post office, call for help, introduce yourself and even order at a restaurant.

Sometimes a direct translation does not make sense to and from each language. Therefore, we recommend that you read each story in both languages to ensure understanding what is taking place.

Tips for Success

No doubt you can pick up this book at anytime to reference a situation that you may be in. However, in order to get the most out of this book, there is an effective approach to yield the best results.

1. **Role-play:** Learning takes place when activities are engaging and memorable. Role-play is any speaking activity when you either put yourself into someone else's shoes, or when put yourself into an imaginary situation and act it out.

2. **Look up vocab:** At some points there may be a word or phrase that you don't understand and that's completely fine. As we mentioned before, some of the translations are not word-for-word in order for the conversations to remain realistic in each language. Therefore, we recommend that you look up anything that is not fully clear to you.

3. **Create your own conversations:** After going through all of the stories we invite you to create your own by modifying what you already read. Perhaps you order additional items while at a restaurant or maybe you have an entirely different conversation over the phone. Let your imagination run wild.

4. **Seek out more dialogues:** Don't let your learning stop here. We encourage you to practice in as many ways as possible. Referencing your newly learned phrases and vocabulary, you can test your comprehension with Chinese movies and television shows. Practice, practice, practice will give you the boost to fluency.

Focus on building your foundation of words and phrases commonly used in the real world and we promise your results will be staggering! Now, go out into the world, speak with confidence and in no time native speakers will be amazed by your Portguese speaking skills.

Good luck!

THIS PAGE IS LEFT INTENTIONALLY BLANK

Survival Phrases

Greetings

1. Hello
   nǐ hǎo ! – 你好!

2. Good morning
   zǎo shàng hǎo - 早上好

3. Good evening
   wǎn shàng hǎo – 晚上好

4. How are you?
   nǐ hǎo ma ? - 你好吗?

5. I'm fine
   wǒ hěn hǎo – 我很好

6. Have you eaten?
   nǐ chī le ma ? - 你吃了吗?

7. I ate
   chī le – 吃了

8. And you?
   nǐ ne - 你呢

9. Pleased to meet you
   hěn gāo xìng jiàn dào nǐ – 很高兴见到你

10. Welcome
    huān yíng - 欢迎

Being polite

11. *Thank you*
    xiè xie – 谢谢

12. *You're welcome*
    bù kè qì - 不客气

13. *Please*
    qǐng – 请

14. *Excuse me?*
    qǐng wèn - 请问

15. *Sorry*
    bào qiàn – 抱歉

16. *I'm sorry*
    duì bù qǐ - 对不起

17. *No problem*
    méi guān xì – 没关系

18. *Excuse me*
    bù hǎo yì si - 不好意思

19. *Please excuse me*
    jiè guò yī xià – 借过一下

20. *What is your name?*
    zěn me chēng hū ? - 怎么称呼？

Saying Goodbye

21. *Good bye*
    zài jiàn - 再见

22. *Good night*
    wǎn ān – 晚安

23. *See you later*
    huí tóu jiàn - 回头见

24. *Have a nice day*
    zhù nín yǒu gè měi hǎo de yī tiān - 祝您有个美好的一天

25. *Have a nice weekend*
    zhōu mò yú kuài - 周末愉快

26. *Keep in touch*
    bǎo chí lián xì - 保持联系

27. *Take care*
    màn zǒu - 慢走

28. *Have a safe and smooth journey*
    yí lù shùn fēng - 回头见

Being understood

29. *I understand*
    wǒ míng bái - 我明白

30. *I don't understand*
    wǒ bù míng bái - 我不明白

31. *I don't know*
    wǒ bù zhī dào - 我不知道

32. *I know*
    wǒ zhī dào - 我知道

33. *What do you mean?*
    shén me yì si - 什么意思？

34. *Could you please repeat that?*
    qǐng nǐ zài shuō yī biàn hǎo ma ？- 请你再说一遍好吗？

35. *Please write it down*
    qǐng xiě xià lái - 请写下来

36. *Please speak slowly*
    qǐng shuō màn yī diǎn - 请说慢一点

37. *Do you speak English?*
    nǐ huì shuō yīng yǔ ma ？- 你会说英语吗？

38. *I don't speak Chinese*
    wǒ bù huì shuō zhōng wén - 我不会说中文

39. *I speak a little Chinese*
    wǒ huì shuō yī diǎn zhōng wén - 我会说一点中文

Basic helpful phrases

40. *I'm from...*
   wǒ cóng ... lái - 我从…来

41. *How much?*
   duō shǎo ? - 多少?

42. *Yes*
   duì - 对

43. *No*
   bù - 不

44. *Maybe*
   yě xǔ ba - 也许吧

45. *Do you come here often?*
   nǐ jīng cháng lái zhè ma - 你经常来这吗

46. *Help!*
   jiù mìng a - 救命啊!

47. *Stop*
   tíng xià - 停下

48. *Congratulations*
   gōng xǐ - 恭喜

49. *Wait a moment*
   děng yī xià - 等一下

50. *I want...*
   wǒ yào - 我要

51. *What kind of work do you do?*
   nǐ zuò shén me yàng de gōng zuò? - 你做什么样的工作?

52. *Call the police*
   jiào jǐng chá - 叫警察

53. *How do you say this in Chinese?*
   zhè gè yòng zhōng wén zěn me shuō? - 这个用中文怎么说?

54. *Too expensive*
   tài guì le - 太贵了

55. *Excuse me, where's the toilet?*
   qǐng wèn, cè suǒ zài nǎ lǐ ? - 请问, 厕所在哪里 ?

1. 正式的问候 - ZHÈNG SHÌ DE WÈN HÒU
FORMAL GREETING

约翰：早安，贾斯汀教授，您好吗？
yuē hàn ：*Zǎo ān, jiǎsītīng jiàoshòu, nín hǎo ma?*

贾斯汀教授：早安，约翰。我很好。你好吗？
jiǎ sī tīng jiào shòu ：*Zǎo ān, yuēhàn. Wǒ hěn hǎo. Nǐ hǎo ma?*

约翰：我很好，谢谢您的问候。这是我的朋友克拉丽莎。她正在考虑申请这所大学。她有几个问题请想问您。您可以告诉我们申请的过程吗？
yuē hàn ：*Wǒ hěn hǎo, xièxiè nín de wènhòu. Zhè shì wǒ de péngyǒu kèlā lì shā. Tā zhèngzài kǎolǜ shēnqǐng zhè suǒ dàxué. Tā yǒu jǐ gè wèntí qǐng xiǎng wèn nín. Nín kěyǐ gàosù wǒmen shēnqǐng de guòchéng ma?*

贾斯汀教授：你好，克拉丽莎！很高兴认识你。我很乐意帮助你。请你在下周到我的办公室谈谈吧。
jiǎ sī tīng jiào shòu ：*Nǐ hǎo, kèlā lì shā! Hěn gāoxìng rènshì nǐ. Wǒ hěn lèyì bāngzhù nǐ. Qǐng nǐ zàixià zhōudào wǒ de bàngōngshì tán tán ba.*

克拉丽莎：教授，我也很高兴认识您。非常感谢您能帮助我们。
kè lā lì shā ：*Jiàoshòu, wǒ yě hěn gāoxìng rènshì nín. Fēicháng gǎnxiè nín néng bāngzhù wǒmen.*

贾斯汀教授：不客气。我希望能回答你的问题！
jiǎ sī tīng jiào shòu ：*Bù kèqì. Wǒ xīwàng néng huídá nǐ de wèntí!*

FORMAL GREETING

John: Good morning, Professor Justin, how are you doing?

Professor Justin: Good morning, John. I am doing well. And you?

John: I'm well, thank you. This is my friend Clarissa. She is thinking about applying to this university. She has a few questions. Would you mind telling us about the process, please?

Professor Justin: Hello, Clarissa! It's a pleasure to meet you. I'm more than happy to speak with you. Please stop by my office next week.

Clarissa: It's a pleasure to meet you, professor. Thank you so much for helping us.

Professor Justin: Of course. Hopefully, I will be able to answer your questions!

2. 非正式的问候 - FĒI ZHÈNG SHÌ DE WÈN HÒU
INFORMAL GREETING

杰夫：那位在芭芭拉旁边的高个子女孩是谁？
jié fū ： nà wèi zài bā bā lā páng biān de gāo gè zi nǚ hái shì shéi?

查尔斯：那是她的朋友玛丽。你没有在史蒂夫的派对上见过她吗？
chá ěr sī ： nà shì tā de péng yǒu mǎ lì. nǐ méi yǒu zài shǐ dì fū de pài duì shàng jiàn guò tā ma?

杰夫：没有，我不在史蒂夫的派对上。
jié fū ： méi yǒu, wǒ bù zài shǐ dì fū de pài duì shàng.

查尔斯：哦！那我这就帮你介绍给她。玛丽，这是我的朋友杰夫。
chá ěr sī ： ó! nà wǒ zhè jiù bāng nǐ jiè shào gěi tā. mǎ lì, zhè shì wǒ de péng yǒu jié fū.

玛丽：嗨，杰夫。很高兴认识你。
mǎ lì ： hāi, jié fū. hěn gāo xìng rèn shì nǐ.

杰夫：我也是。请问你要一起喝杯饮料吗？
jié fū ： wǒ yě shì. qǐng wèn nǐ yào yī qǐ hē bēi yǐn liào ma?

玛丽：好啊，走吧。
mǎ lì ： hǎo a, zǒu ba.

INFORMAL GREETING

Jeff: Who's the tall woman next to Barbara?

Charles: That's her friend Mary. Didn't you meet her at Steve's party?

Jeff: No, I wasn't at Steve's party.

Charles: Oh! Then let me introduce you to her now. Mary, this is my friend Jeff.

Mary: Hi, Jeff. Nice to meet you.

Jeff: You, too. Would you like a drink?

Mary: Sure, let's go get one.

3. 打个电话 - DǍ GÈ DIÀN HUÀ
A Telephone Call

约翰：嗨，爱丽丝，是我约翰。你好吗？
yuē hàn : hāi, ài lì sī, shì wǒ yuē hàn. nǐ hǎo ma?

爱丽丝：哦，嗨，约翰！我也正刚好想起你。
ài lì sī : ó, hāi, yuē hàn! wǒ yě zhèng gāng hǎo xiǎng qǐ nǐ.

约翰：太好了。我想请问你今晚是否要一起去看电影。
yuē hàn : tài hǎo le. wǒ xiǎng qǐng wèn nǐ jīn wǎn shì fǒu yào yī qǐ qù kàn diàn yǐng.

艾丽斯：好啊，我们一起去吧！那你想看哪部电影呢？
ài lì sī : hǎo a, wǒ men yī qǐ qù ba! nà nǐ xiǎng kàn nǎ bù diàn yǐng ne?

约翰：我正在想要不要看那部新的喜剧"关灯"。你觉得如何？
yuē hàn : wǒ zhèng zài xiǎng yào bù yào kàn nà bù xīn de xǐ jù "guān dēng". nǐ jué dé rú hé?

艾丽斯：可以啊！
ài lì sī : kě yǐ a!

约翰：那好，我会在 7:30 左右接你。电影是从 8:00 开始。
yuē hàn : nà hǎo, wǒ huì zài 7:30 zuǒ yòu jiē nǐ. diàn yǐng shì cóng 8:00 kāi shǐ.

艾丽斯：那待会见咯。再见！
ài lì sī : nà dài huì jiàn gē. zài jiàn!

A TELEPHONE CALL

John: Hi, Alice, it's John. How are you?

Alice: Oh, hi, John! I was just thinking about you.

John: That's nice. I was wondering if you'd like to go to a movie tonight.

Alice: Sure, I'd love to! Which movie do you want to see?

John: I was thinking about that new comedy *Turn Off the Lights*. What do you think?

Alice: Sounds great!

John: Ok, I'll pick you up around 7:30. The movie starts at 8:00.

Alice: See you then. Bye!

4. 现在几点了？- XIÀN ZÀI JǏ DIǍN LE?
WHAT TIME IS IT?

娜塔莎：几点了？我们快迟到了！
nà tǎ shā ：*jǐ diǎn le? wǒ men kuài chí dào le!*

托尼：现在是七点十五分。我们还准时呢。不要着急。
tuō ní ：*xiàn zài shì qī diǎn shí wǔ fēn. wǒ men hái zhǔn shí ne. bù yào zhe jí.*

娜塔莎：但我觉得我们必须在 7:30 之前抵达餐厅参加那惊喜派对。以这晚上的交通，我们一定赶不到。
nà tǎ shā ：*dàn wǒ jué dé wǒ men bì xū zài 7:30 zhī qián dǐ dá cān tīng cān jiā nà jīng xǐ pài duì. yǐ zhè wǎn shàng de jiāo tōng, wǒ men yī dìng gǎn bù dào.*

托尼：放心吧，我们一定赶得到。这塞车时段就快过了。无论如何，派对是 8 点才开始。但我确实需要有人告诉我一下方向。你可否打电话给餐馆，问他们我们的车要停在哪里吗？
tuō ní ：*fàng xīn ba, wǒ men yī dìng gǎn dé dào. zhè sāi chē shí duàn jiù kuài guò le. wú lùn rú hé, pài duì shì 8 diǎn cái kāi shǐ. dàn wǒ què shí xū yào yǒu rén gào sù wǒ yī xià fāng xiàng. nǐ kě fǒu dǎ diàn huà gěi cān guǎn, wèn tā men wǒ men de chē yào tíng zài nǎ lǐ ma?*

娜塔莎：当然可以。
nà tǎ shā ：*dāng rán kě yǐ.*

WHAT TIME IS IT?

Natasha: What time is it? We're going to be late!

Tony: It's a quarter after seven. We're on time. Don't panic.

Natasha: But I thought we had to be at the restaurant by 7:30 for the surprise party. We'll never make it there with all this evening traffic.

Tony: I'm sure we will. Rush hour is almost over. Anyway, the party starts at 8:00. But I do need help with directions. Can you call the restaurant and ask them where we park our car?

Natasha: Of course.

5. 你能再说一遍吗？– Nǐ NÉNG ZÀI SHUŌ YĪ BIÀN MA? CAN YOU SAY THAT AGAIN?

卢克：你好？嗨，斯蒂芬妮，办公室的情况如何？

lú kè： nǐ hǎo? hāi, sī dì fēn nī, bàn gōng shì de qíng kuàng rú hé?

斯蒂芬妮：嗨，卢克！你好。你可以在商店为打印机买一些额外的纸张吗？

sī dì fēn nī： hāi, lú kè! nǐ hǎo. nǐ kě yǐ zài shāng diàn wèi dǎ yìn jī mǎi yī xiē é wài de zhǐ zhāng ma?

卢克：你说什么？请你再说一遍？你是说要为打印机拿墨水吗？对不起，我听不清楚。

lú kè： nǐ shuō shén me? qǐng nǐ zài shuō yī biàn? nǐ shì shuō yào wèi dǎ yìn jī ná mò shuǐ ma? duì bù qǐ, wǒ tīng bù qīng chǔ.

斯蒂芬妮：你现在能听见我吗？不，我需要更多的纸张。听到吗？我会给你发短信告诉你我所需要的东西。谢谢，卢克。我们等下再聊。

sī dì fēn nī： nǐ xiàn zài néng tīng jiàn wǒ ma? bù, wǒ xū yào gèng duō de zhǐ zhāng. tīng dào ma? wǒ huì gěi nǐ fā duǎn xìn gào sù nǐ wǒ suǒ xū yào de dōng xī. xiè xiè, lú kè. wǒ men děng xià zài liáo.

卢克：谢谢，斯蒂芬妮。对不起，我这里的手机讯号真的不好。

lú kè： xiè xiè, sī dì fēn nī. duì bù qǐ, wǒ zhè lǐ de shǒu jī xùn hào zhēn de bù hǎo.

CAN YOU SAY THAT AGAIN?

Luke: Hello? Hi, Stephanie, how are things at the office?

Stephanie: Hi, Luke! How are you? Can you please stop at the store and pick up extra paper for the printer?

Luke: What did you say? Can you repeat that, please? Did you say to pick up ink for the printer? Sorry, the phone is cutting out.

Stephanie: Can you hear me now? No, I need more computer paper. Listen, I'll text you exactly what I need. Thanks, Luke.

Talk to you later.

Luke: Thanks, Stephanie. Sorry, my phone has really bad reception here.

6. 巧合 – QIǍO HÉ
COINCIDENCES

梅格：啊，你好，朱莉娅！好久不见！
méi gé： a, nǐ hǎo, zhū lì yà! hǎo jiǔ bù jiàn!

朱莉娅：梅格！嗨！真巧！我好久没看见你了！你在这里干嘛？
zhū lì yà： méi gé! hāi! zhēn qiǎo! wǒ hǎo jiǔ méi kàn jiàn nǐ le! nǐ zài zhè lǐ gàn ma?

梅格：我刚刚在这个城市找到了一份新工作，所以我正在买些衣服。嘿，你觉得这件衬衫怎么样？
méi gé： wǒ gāng gāng zài zhè gè chéng shì zhǎo dào le yī fèn xīn gōng zuò, suǒ yǐ wǒ zhèng zài mǎi xiē yī fú. hēi, nǐ jué dé zhè jiàn chèn shān zěn me yàng?

朱莉娅：嗯，你知道我有多么喜欢蓝色。看吧？我也有同样的衬衫！
zhū lì yà： ń, nǐ zhī dào wǒ yǒu duō me xǐ huān lán sè. kàn ba? wǒ yě yǒu tóng yàng de chèn shān!

梅格：你对衣服总是很有品味！真巧。
méi gé： nǐ duì yī fú zǒng shì hěn yǒu pǐn wèi! zhēn qiǎo.

COINCIDENCES

Meg: Well, hello there, Julia! Long time no see!

Julia: Meg! Hi! What a coincidence! I haven't seen you in forever! What are you doing here?

Meg: I just got a new job in the city, so I'm shopping for some clothes. Hey, what do you think of this shirt?

Julia: Hmmm... Well, you know how much I love blue. See? I've got the same shirt!

Meg: You always did have good taste! What a small world.

7. 天气 – TIĀN QÌ
THE WEATHER

莎莉：外面很冷！天气预报是怎么了？我以为冬天应该过去了。

shā lì: wài miàn hěn lěng! tiān qì yù bào shì zěn me le? wǒ yǐ wèi dōng tiān yīng gāi guò qù le.

加布里埃拉：是的，我也这么认为。这就是我今天早上在网上看到的天气预报。

jiā bù lǐ āi lā: shì de, wǒ yě zhè me rèn wèi. zhè jiù shì wǒ jīn tiān zǎo shàng zài wǎng shàng kàn dào de tiān qì yù bào.

莎莉：我想是风寒降低了温度。

shā lì: wǒ xiǎng shì fēng hán jiàng dī le wēn dù.

加布里埃拉：我们可以进去了吗？我觉得我的脚趾开始麻痹了。

jiā bù lǐ āi lā: wǒ men kě yǐ jìn qù le ma? wǒ jué dé wǒ de jiǎo zhǐ kāi shǐ má bì le.

THE WEATHER

Sally: It's freezing outside! What happened to the weather report? I thought this cold front was supposed to pass.

Gabriela: Yeah, I thought so too. That's what I read online this morning.

Sally: I guess the wind chill is really driving down the temperature.

Gabriela: Can we go inside? I feel like my toes are starting to go numb.

8. 点餐 – DIĂN CĀN
ORDERING FOOD

服务员：您好，我是您今天的服务员。我可以先为您准备什么饮料吗？

fú wù yuán： nín hǎo, wǒ shì nín jīn tiān de fú wù yuán. wǒ kě yǐ xiān wèi nín zhǔn bèi shén me yǐn liào ma?

肖恩：好的。请你给我一杯冰茶。

xiào ēn： hǎo de. qǐng nǐ gěi wǒ yī bēi bīng chá.

安娜：请你给我一杯柠檬水。

ān nà： qǐng nǐ gěi wǒ yī bēi níng méng shuǐ.

服务员：好的。请问您准备好点餐了吗，还是需要多一点时间考虑？

fú wù yuán： hǎo de. qǐng wèn nín zhǔn bèi hǎo diǎn cān le ma, hái shì xū yào duō yī diǎn shí jiān kǎo lǜ?

肖恩：我想我们已经准备好了。我想一开始来个番茄汤，然后一份烤牛肉配上烤土豆泥和豌豆。

xiào ēn： Wǒ xiǎng wǒmen yǐjīng zhǔnbèi hǎole. Wǒ xiǎng yī kāishǐ lái gè fānqié tāng, ránhòu yī fèn kǎo niúròu pèi shàng kǎo tǔdòu ní hé wāndòu.

服务员：请问你要带血丝的，半熟还是全熟的牛肉？

fú wù yuán： qǐngwèn nǐ yào dài xiě sī de, bànshú háishì quán shú de niúròu?

肖恩：全熟，谢谢。

xiào ēn： quán shú, xiè xiè.

安娜：那给我来一份鱼，配上土豆和沙拉。

ān nà： nà gěi wǒ lái yī fèn yú, pèi shàng tǔ dòu hé shā lā.

ORDERING FOOD

Waiter: Hello, I'll be your waiter today. Can I start you off with something to drink?

Sean: Yes. I would like iced tea, please.

Anna: And I'll have lemonade., please.

Waiter: Ok. Are you ready to order, or do you need a few minutes?

Sean: I think we're ready. I'll have the tomato soup to start, and the roast beef with mashed potatoes and peas.

Waiter: How do you want the beef cooked— rare, medium, or well done?

Sean: Well done, please.

Anna: And I'll just have the fish, with potatoes and a salad.

9. 拜访医生 – BÀI FǍNG YĪ SHĒNG
VISITING THE DOCTOR

医生：请问有什么问题吗？
yī shēng ： *qǐng wèn yǒu shén me wèn tí ma*

凯茜：嗯...我觉得我的咳嗽严重了而且有喉咙痛。还有头疼。
kǎi qiàn ： *ń ... wǒ jué dé wǒ de hāi sòu yán zhòng le ér qiě yǒu hóu lóng tòng. hái yǒu tóu téng.*

医生：你的症状多久了？
yī shēng ： *nǐ de zhèng zhuàng duō jiǔ le?*

凯茜：今天已经是第三天了。而且我也觉得很累。
kǎi qiàn ： *jīn tiān yǐ jīng shì dì sān tiān le. ér qiě wǒ yě jué dé hěn lèi.*

医生：嗯。听你这么说你应该是得了流感。每四个小时服用一次阿司匹林，并充分的休息。然后多喝水。如果你下周状况还是一样，那请你打电话告诉我。
yī shēng ： *ń. tīng nǐ zhè me shuō nǐ yīng gāi shì dé le liú gǎn. měi sì gè xiǎo shí fú yòng yī cì ā sī pǐ lín, bìng chōng fēn de xiū xī. rán hòu duō hē shuǐ. rú guǒ nǐ xià zhōu zhuàng kuàng hái shì yī yàng, nà qǐng nǐ dǎ diàn huà gào sù wǒ.*

凯茜：好的，谢谢。
kǎi qiàn ： *hǎo de, xiè xiè.*

VISITING THE DOCTOR

Doctor: What seems to be the problem?

Cathy: Well… I have a bad cough and a sore throat. I also have a headache.

Doctor: How long have you had these symptoms?

Cathy: About three days now. And I'm really tired, too.

Doctor: Hmm. It sounds like you've got the flu. Take aspirin every four hours and get plenty of rest. Make sure you drink lots of fluids. Call me if you're still sick next week.

Cathy: Ok, thank you.

10. 寻求方向 – XÚN QIÚ FĀNG XIÀNG
ASKING FOR DIRECTIONS

马克：对不起。请问你能告诉我图书馆的位置吗？
mǎ kè ： *duì bù qǐ. qǐng wèn nǐ néng gào sù wǒ tú shū guǎn de wèi zhì ma?*

奥利维亚：可以，就是这个方向。你走三个街区到华盛顿街，然后右转。它就在拐角处，在银行的正对面。
ào lì wéi yà ： *kě yǐ, jiù shì zhè gè fāng xiàng. nǐ zǒu sān gè jiē qū dào huá shèng dùn jiē, rán hòu yòu zhuǎn. tā jiù zài guǎi jiǎo chù, zài yín xíng de zhèng duì miàn.*

马克：谢谢！我才刚在镇上几天，所以我对这里还不熟悉。
mǎ kè ： *xiè xiè! wǒ cái gāng zài zhèn shàng jǐ tiān, suǒ yǐ wǒ duì zhè lǐ hái bù shú xī.*

奥利维亚：哦，我明白。我们一年前也才搬到了这，那时候我也不懂如何去到某些地方！
ào lì wéi yà ： *ó, wǒ míng bái. wǒ men yī nián qián yě cái bān dào le zhè, nà shí hòu wǒ yě bù dǒng rú hé qù dào mǒu xiē de dì fāng!*

ASKING FOR DIRECTIONS

Marc: Excuse me. Could you tell me where the library is?

Olivia: Yes, it's that way. You go three blocks to Washington Street, then turn right. It's on the corner, across from the bank.

Marc: Thanks! I've only been in town a few days, so I really don't know my way around yet.

Olivia: Oh, I know how you feel. We moved here a year ago, and I still don't know where everything is!

11. 寻求帮助 –
Calling For Help

彼得：嘿！那辆车刚闯红绿灯并撞了那辆卡车！
bǐ dé：hēi! nà liàng chē gāng chuǎng hóng lǜ dēng bìng zhuàng le nà liàng kǎ chē!

盖尔：有人受伤吗？
gài ěr：yǒu rén shòu shāng ma?

彼得：我不知道…赶快拨打911.…喂？我要举报在休斯敦街的邮局附近发生了一起车祸。看似有个男人受伤了。是的，它刚刚发生了。好，谢谢。再见。
bǐ dé：wǒ bù zhī dào … gǎn kuài bō dǎ 9 1 1 . … wèi? wǒ yào jǔ bào zài xiū sī dūn jiē de yóu jú fù jìn fā shēng le yī qǐ chē huò. kàn shì yǒu gè nán rén shòu shāng le. shì de, tā gāng gāng fā shēng le. hǎo, xiè xiè. zài jiàn.

盖尔：他们说了什么？
gài ěr：tā men shuō le shén me?

彼得：他们说会马上派一辆救护车和一辆警车。
bǐ dé：tā men shuō huì mǎ shàng pài yī liàng jiù hù chē hé yī liàng jǐng chē.

盖尔：那太好了，他们到了。我希望那个男人没事。
gài ěr：nà tài hǎo le, tā men dào le. wǒ xī wàng nà gè nán rén méi shì.

彼得：我也希望如此。你开车的时候也必须要小心。
bǐ dé：wǒ yě xī wàng rú cǐ. nǐ kāi chē de shí hòu yě bì xū yào xiǎo xīn。

CALLING FOR HELP

Peter: Hey! That car just ran a red light and hit that truck!

Gail: Is anyone hurt?

Peter: I don't know... let's call 911. ...Hello? I'd like to report a car accident near the post office on Houston Street. It looks like a man is hurt. Yes, it just happened. Ok, thanks. Bye.

Gail: What did they say?

Peter: They're going to send an ambulance and a police car right away.

Gail: Good, they're here. I hope the man is alright.

Peter: I know. You have to be so careful when you're driving.

12. 购物 - GÒU WÙ
SHOPPING

露易丝： 嘿，朱莉娅 ... 看看那些甜点！ 不如今天我们来烤一些饼干如何？

lù yì sī： hēi, zhū lì yà ... kàn kàn nà xiē tián diǎn! bù rú jīn tiān wǒ men lái kǎo yī xiē bǐng gàn rú hé?

朱莉娅： 嗯 ... 好啊，这是个好主意！ 既然我们在这里了，那让我们来买原料吧。好，那我们需要买什么？

zhū lì yà： Ń... Hǎo a, zhè shìgè hǎo zhǔyì! Jìrán wǒmen zài zhèlǐle, nà ràng wǒmen lái mǎi yuánliào ba. Hǎo, nà wǒmen xū yāo mǎi shénme?

露易丝： 食谱说需要面粉，糖和牛油。 哦，我们还需要鸡蛋和巧克力豆。

lù yì sī： shí pǔ shuō xū yào miàn fěn, táng hé niú yóu. ó, wǒ men hái xū yào jī dàn hé qiǎo kè lì dòu.

朱莉娅： 不如你买乳制品？ 你可以在商店后面的冷藏区找到。 而我会找干的食材。 我想那些食材应该在第十行走道。

zhū lì yà： bù rú nǐ mǎi rǔ zhì pǐn? nǐ kě yǐ zài shāng diàn hòu miàn de lěng cáng qū zhǎo dào. ér wǒ huì zhǎo gàn de shí cái. wǒ xiǎng nà xiē shí cái yīng gāi zài dì shí xíng zǒu dào.

朱莉娅： 好的。 到时候那里见。

zhū lì yà： hǎo de. dào shí hòu nà lǐ jiàn.

露易丝： 好！ 那我们就在结帐时见吧。

lù yì sī： hǎo! nà wǒ men jiù zài jié zhàng shí jiàn ba.

SHOPPING

Louise: Hey, Julia… Look at those desserts! How about baking some cookies today?

Julia: Hmm… Yeah, that's a great idea! While we're here, let's pick up the ingredients. Ok, what do we need?

Louise: The recipe calls for flour, sugar and butter. Oh, and we also need eggs and chocolate chips.

Julia: Why don't you get the dairy ingredients? You'll find those in the refrigerated section in the back of the store. I'll get the dry ingredients. I believe they're in aisle 10.

Louise: Great! Let's meet at the checkout.

Julia: Ok. See you there.

13. 出门办事 – Chūmén bànshì
Running Errands

酒店接待员：你好。请问我怎么可以帮你?
jiǔ diàn jiē dài yuán： nǐ hǎo. qǐng wèn wǒ zěn me kě yǐ bāng nǐ?

克莱尔：嗯，我会在镇里逗留几天，我需要在这里处理一些事情。
kè lái ěr： ń, wǒ huì zài zhèn lǐ dòu liú jǐ tiān, wǒ xū yào zài zhè lǐ chù lǐ yī xiē shì qíng.

酒店接待员：好的。请问你需要什么?
jiǔ diàn jiē dài yuán： hǎo de. qǐng wèn nǐ xū yào shén me?

克莱尔：我需要理发。我还需要把我的新裤子缝裤脚。
kè lái ěr： wǒ xū yào lǐ fā. wǒ hái xū yào bǎ wǒ de xīn kù zi féng zhě biān.

酒店接待员：好的。这有一张市镇的地图。在这有一个不错的理发店，离酒店只有一个街区。而这里有一个裁缝店。请问还有别的事情吗?
jiǔ diàn jiē dài yuán： hǎo de. zhè yǒu yī zhāng shì zhèn de dì tú. zài zhè yǒu yī gè bù cuò de lǐ fā diàn, lí jiǔ diàn zhǐ yǒu yī gè jiē qū. ér zhè lǐ yǒu yī gè cái féng diàn. qǐng wèn hái yǒu bié de shì qíng ma?

克莱尔：还有一个。在我开长途车回家之前，我需要把我的汽车做个检查和维修!
kè lái ěr： hái yǒu yī gè. zài wǒ kāi zhǎng tú chē huí jiā zhī qián, wǒ xū yào bǎ wǒ de qì chē zuò gè jiǎn chá hé wéi xiū!

酒店接待员：没问题。在几个街区外有一个不错的修车师傅。
jiǔ diàn jiē dài yuán： méi wèn tí. zài jǐ gè jiē qū wài yǒu yī gè bù cuò de xiū chē shī fù.

RUNNING ERRANDS

Hotel receptionist: Hello there. How can I help you?

Claire: Well, I'm in town visiting for a few days, and I need to get some things done while I'm here.

Hotel receptionist: Sure. What do you need?

Claire: I need to get my hair cut. I also need to have my new pants hemmed.

Hotel receptionist: Ok. Here's a map of the city. There's a good hair salon here, which is just a block away. And there's a tailor right here. Is there anything else?

Claire: Yes. I'll need to get my car serviced before my long drive back home!

Hotel receptionist: No problem. There's a good mechanic a few blocks away.

14. 在邮局 – ZÀI YÓU JÚ
AT THE POST OFFICE

邮局职员：请问今天我能帮你什么吗？
yóu jú zhí yuán：qǐng wèn jīn tiān wǒ néng bāng nǐ shén me ma?

卡罗尔：麻烦你我需要把这个包裹寄到纽约。
kǎ luō ěr：má fán nǐ wǒ xū yào bǎ zhè gè bāo guǒ jì dào niǔ yuē.

邮政职员：好的，让我们称一下它的重量…大概是五磅。如果你使用快递发送的话，它将在明天就到达。或者你可以使用优先发送，它将在星期六到达那里。
yóu zhèng zhí yuán：Hǎo de, ràng wǒmen chēng yīxià tā de zhòngliàng... Dàgài shì wǔ bàng. Rúguǒ nǐ shǐyòng kuàidì fāsòng dehuà, tā jiàng zài míngtiān jiù dàodá. Huòzhě nǐ kěyǐ shǐyòng yōuxiān fāsòng, tā jiàng zài xīngqíliù dàodá nàlǐ.

卡罗尔：星期六对我来说没问题。这会是多少钱呢？
kǎ luō ěr：xīng qī liù duì wǒ lái shuō méi wèn tí. zhè huì shì duō shǎo qián ne?

邮政职员：12.41 元。请问你还需要什么别的吗？
yóu zhèng zhí yuán：12.41 yuán. qǐng wèn nǐ hái xū yào shén me bié de ma?

卡罗尔：哦，是的！我差点忘了。我也需要一本邮票。
kǎ luō ěr：ó, shì de! wǒ chà chā diǎn wàng le. wǒ yě xū yào yī běn yóu piào.

邮局职员：好的，你的总价为 18.94 元。
yóu jú zhí yuán：hǎo de, nǐ de zǒng jià wèi 18.94 yuán.

AT THE POST OFFICE

Postal clerk: What can I help you today?

Carol: I need to mail this package to New York, please.

Postal clerk: Ok, let's see how much it weighs... it's about five pounds. If you send it express, it will get there tomorrow. Or you can send it priority and it will get there by Saturday.

Carol: Saturday is fine. How much will that be?

Postal clerk: $12.41. Do you need anything else?

Carol: Oh, yeah! I almost forgot. I need a book of stamps, too.

Postal clerk: Ok, your total comes to $18.94.

15. 考试 – KǍO SHÌ
THE EXAM

谢丽尔：嘿！你的物理考试如何？
xiè lì ěr ：*hēi! nǐ de wù lǐ kǎo shì rú hé?*

弗兰克：还可以，谢谢。我很高兴考试结束了！那…你的演讲怎么样？
fú lán kè ：*hái kě yǐ, xiè xiè. wǒ hěn gāo xìng kǎo shì jié shù le! nà … nǐ de yǎn jiǎng zěn me yàng?*

谢丽尔：哦，非常顺利。谢谢你帮了我！
xiè lì ěr ：*ó, fēi cháng shùn lì. xiè xiè nǐ bāng le wǒ!*

弗兰克：别客气。那…你觉得明天要为我们的数学考试来个复习吗？
fú lán kè ：*bié kè qì. nà … nǐ jué dé míng tiān yào wèi wǒ men de shù xué kǎo shì lái gè fù xí ma?*

谢丽尔：好呀，当然可以！你早餐后大约上午10点过来吧。
xiè lì ěr ：*hǎo ya, dāng rán kě yǐ! nǐ zǎo cān hòu dà yuē shàng wǔ 10 diǎn guò lái ba.*

弗兰克：好的。我会带上我的笔记。
fú lán kè ：*hǎo de. wǒ huì dài shàng wǒ de bǐ jì.*

THE EXAM

Cheryl: Hey! How did your physics exam go?

Frank: Not bad, thanks. I'm just glad it's over! How about your... how'd your presentation go?

Cheryl: Oh, it went really well. Thanks for helping me with it!

Frank: No problem. So... do you feel like studying tomorrow for our math exam?

Cheryl: Yeah, sure! Come over around 10:00 am, after breakfast.

Frank: All right. I'll bring my notes.

16. 完美的毛衣 – WÁN MĚI DE MÁO YĪ
THE PERFECT SWEATER

销售员：请问我可以帮你吗？
xiāo shòu yuán : qǐng wèn wǒ kě yǐ bāng nǐ ma?

格洛丽亚：是的，我正在寻找一件毛衣 - 中等尺寸。
gé luò lì yà : shì de, wǒ zhèng zài xún zhǎo yī jiàn máo yī - zhōng děng chǐ cùn.

销售员：让我看看... 这有一件漂亮的白色毛衣。你觉得如何？
xiāo shòu yuán : ràng wǒ kàn kàn ... zhè yǒu yī jiàn piào liàng de bái sè máo yī. nǐ jué dé rú hé?

格洛丽亚：我想我比较喜欢蓝色。
gé luò lì yà : wǒ xiǎng wǒ bǐ jiào xǐ huān lán sè.

销售员：好的... 这件是蓝色，中等尺寸。请问你要试穿吗？
xiāo shòu yuán : hǎo de ... zhè jiàn shì lán sè, zhōng děng chǐ cùn. qǐng wèn nǐ yào shì chuān ma?

格洛丽亚：好的... 是的，我喜欢。非常合身。请问多少钱？
gé luò lì yà : hǎo de ... shì de, wǒ xǐ huān. fēi cháng hé shēn. qǐng wèn duō shǎo qián?

销售员：这件是 41 元。加税后便是 50 元。
xiāo shòu yuán : Zhè jiàn shì 41 yuán. Jiā shuì hòu biàn shì 50 yuán.

格洛丽亚：那好！那我要了。谢谢！
gé luò lì yà : nà hǎo! nà wǒ yào le. xiè xiè!

THE PERFECT SWEATER

Salesperson: Can I help you?

Gloria: Yes, I'm looking for a sweater — in a size medium.

Salesperson: Let's see... here's a nice white one. What do you think?

Gloria: I think I'd rather have it in blue.

Salesperson: Ok ... here's blue, in a medium. Would you like to try it on?

Gloria: Ok ... yes, I love it. It fits perfectly. How much is it?

Salesperson: It's $41. It will be $50, with tax.

Gloria: Perfect! I'll take it. Thank you!

17. 出租车或公共汽车 – CHŪ ZŪ CHĒ HUÒ GŌNG GÒNG QÌ CHĒ
Taxi or Bus

乔伊斯：我们应该乘出租车还是公共汽车去电影院呢？
qiáo yī sī ：*Wǒmen yīnggāi chéng chūzū chē háishì gōnggòng qìchē qù diànyǐngyuàn ne?*

比尔：我们坐公共汽车吧。在这塞车时段出租车是很难找到的。
bǐ ěr ：*wǒ men zuò gōng gòng qì chē ba. zài zhè sāi chē shí duàn chū zū chē shì hěn nán zhǎo dào de.*

乔伊斯：那不是有个公共汽车站吗？
qiáo yī sī ：*nà bù shì yǒu gè gōng gòng qì chē zhàn ma?*

比尔：是的…哦！现在就有一辆公共汽车了。我们快点追上。
bǐ ěr ：*shì de … ó! xiàn zài jiù yǒu yī liàng gōng gòng qì chē le. wǒ men kuài diǎn zhuī shàng.*

乔伊斯：哦，不！我们错过了。
qiáo yī sī ：*ó, bù! wǒ men cuò guò le.*

比尔：没问题。10分钟内会有另外一辆。
bǐ ěr ：*méi wèn tí. 10 fēn zhōng nèi huì yǒu lìng wài yī liàng.*

TAXI OR BUS

Joyce: Should we take a taxi or a bus to the movie theater?

Bill: Let's take a bus. It's impossible to get a taxi during rush hour.

Joyce: Isn't that a bus stop over there?

Bill: Yes... Oh! There's a bus now. We'll have to run to catch it.

Joyce: Oh, no! We just missed it.

Bill: No problem. There'll be another one in 10 minutes.

18. 你几岁？— Nǐ jǐ suì?
How Old Are You?

格洛丽亚：我非常期待今天下午玛丽阿姨的惊喜生日！你呢？
gé luò lì yà ：wǒ fēi cháng qī dài jīn tiān xià wǔ mǎ lì ā yí de jīng xǐ shēng rì! nǐ ne?

纳迪亚：我也是！她年纪多大了？
nà dí yà ：wǒ yě shì! tā nián jì duō dà le?

格洛丽亚：她将在 5 月 5 日就是 55 岁。
gé luò lì yà ：tā jiāng zài 5 yuè 5 rì jiù shì 5 5 suì.

纳迪亚：哇！我不知道我的妈妈年纪也这么大了 - 她将在 10 月 9 日就是 58 岁了。不管怎样，我想玛丽阿姨看到我们在这里一定会觉得很惊讶！
nà dí yà ：wa! wǒ bù zhī dào wǒ de mā mā nián jì yě zhè me dà le - tā jiāng zài 0 yuè 9 rì jiù shì 58 suì le. bù guǎn zěn yàng, wǒ xiǎng mǎ lì ā yí kàn dào wǒ men zài zhè lǐ yī dìng huì jué dé hěn jīng yà!

格洛丽亚：对呀！但是，在她到达这里之前，我们仍然需要准备所有的食物…好吧！我们现在都准备好了。嘘！她在这里了！
gé luò lì yà ：duì ya! dàn shì, zài tā dào dá zhè lǐ zhī qián, wǒ men réng rán xū yào zhǔn bèi suǒ yǒu de shí wù … hǎo ba! wǒ men xiàn zài dōu dū zhǔn bèi hǎo le. xū! tā zài zhè lǐ le!

全部：惊喜啊！
quán bù ：jīng xǐ a!

HOW OLD ARE YOU?

Gloria: I'm really excited for Aunt Mary's surprise birthday party this afternoon! Aren't you?

Nadia: Yeah! How old is she?

Gloria: She'll be 55 on May 5.

Nadia: Wow! I didn't know that my mom was older — she's going to be 58 on October 9. Anyway, Aunt Mary's going to be so surprised to see us all here!

Gloria: I know! But we still have to get all the food set up before she gets here ... Ok! We're all ready now. Shh! She's here!

All: Surprise!

19. 在戏院 – ZÀI XÌ YUÀN
AT THE THEATER

鲍勃：请给我们两张3点30分的戏票。
bào bó：qǐng gěi wǒ men liǎng zhāng 3 diǎn 30 fēn de xì piào.

戏票销售员工：这是你们的戏票。请欣赏！
xì piào xiāo shòu yuán gōng：zhè shì nǐ men de xì piào. qǐng xīn shǎng!

[戏院里]
[xì yuàn lǐ]

鲍勃：请问你是否介意坐下一个位子，让我可以和我的朋友坐在一起？
bào bó：Qǐngwèn nǐ shìfǒu jièyì zuò xià yīgè wèizi, ràng wǒ kěyǐ hé wǒ de péngyǒu zuò zài yīqǐ?

女孩：不，我不介意。
nǚ hái：bù, wǒ bù jiè yì.

鲍勃：非常感谢你！
bào bó：fēi cháng gǎn xiè nǐ!

AT THE THEATER

Bob: We'd like two tickets for the 3:30 show, please.

Ticket sales: Here you go. Enjoy the movie!

[Inside the theater]

Bob: Would you mind moving over one, so my friend and I can sit together?

Woman: No, not at all.

Bob: Thank you so much!

20. 你最擅长的是什么？
NǏ ZUÌ SHÀN ZHǍNG DE SHÌ SHÉN ME?
WHAT ARE YOU GOOD AT DOING?

桑德拉：那么...我们该做些什么呢？
sāng dé lā： nà me ... wǒ men gāi zuò xiē shén me ne?

朱莉：嗯，我喜欢艺术和手工艺，我非常擅长画画。你觉得呢？
zhū lì： ń, wǒ xǐ huān yì shù hé shǒu gōng yì, wǒ fēi cháng shàn zhǎng huà huà. nǐ jué dé ne?

桑德拉：嗯...玩棋盘游戏如何？那应该更有趣。
sāng dé lā： ń ... wán qí pán yóu xì rú hé? nà yīng gāi gèng yǒu qù.

朱莉：好吧。我们来玩拼字游戏吧！我也很擅长拼写！
zhū lì： hǎo ba. wǒ men lái wán pīn zì yóu xì ba! wǒ yě hěn shàn zhǎng pīn xiě!

桑德拉：哦，是吗？放马过来！
sāng dé lā： ó, shì ma? fàng mǎ guò lái!

WHAT ARE YOU GOOD AT DOING?

Sandra: So … what should we do?

Julie: Well, I like to do arts and crafts, and I'm really good at drawing. What do you think?

Sandra: Hmm … how about playing a board game? That would be more fun.

Julie: Ok. Let's play Scrabble! I'm really good at spelling, too!

Sandra: Oh, yeah? We'll see about that!

21. 你最喜欢的运动是什么？-
NǏ ZUÌ XǏ HUĀN DE YÙN DÒNG SHÌ SHÉN ME?
WHAT IS YOUR FAVORITE SPORT?

菲尔：这场足球比赛几点开始？我以为它是从中午就开始了。
fēi ěr ：zhè chǎng zú qiú bǐ sài jǐ diǎn kāi shǐ? wǒ yǐ wèi tā shì cóng zhōng wǔ jiù kāi shǐ le.

杰克：我们应该是看错了时间。哦，算了 ... 足球都不是我最喜欢的运动。我比较喜欢篮球。
jié kè ：wǒ men yīng gāi shì kàn cuò le shí jiān. ó, suàn le ... zú qiú dōu bù shì wǒ zuì xǐ huān de yùn dòng. wǒ bǐ jiào xǐ huān lán qiú.

菲尔：哦，真的吗？我以为你最喜欢的运动是网球！我也是篮球迷。
fēi ěr ：ó, zhēn de ma? wǒ yǐ wèi nǐ zuì xǐ huān de yùn dòng shì wǎng qiú! wǒ yě shì lán qiú mí.

杰克：要不要一起来玩场游戏？
jié kè ：yào bù yào yī qǐ lái wán chǎng yóu xì?

菲尔：当然可以！既然足球比赛还没有开始，不如我们这就去打篮球吧？
fēi ěr ：Dāngrán kěyǐ! Jìrán zúqiú bǐsài hái méiyǒu kāishǐ, bùrú wǒmen zhè jiù qù dǎ lánqiú ba?

杰克：这主意不错。我们走吧。
jié kè ：zhè zhǔ yì bù cuò. wǒ men zǒu ba.

WHAT IS YOUR FAVORITE SPORT?

Phil: What time is that soccer game on? I thought it started at noon.

Jack: We must have had the wrong time. Oh, well ... soccer's not my favorite sport anyway. I much prefer basketball.

Phil: Oh, really? I thought your favorite sport was tennis! I'm a big fan of basketball, too.

Jack: How about a game sometime?

Phil: Sure thing! Why don't we go shoot some hoops now since the soccer game isn't on?

Jack: Excellent idea. Let's go.

22. 去观看音乐剧 – Qù Guān Kàn Yīn Lè Jù
Going To See A Musical

香农：这表演真是太棒了！谢谢你邀请我听这音乐剧。
xiāng nóng：Zhè biǎoyǎn zhēnshi tài bàngle! Xièxiè nǐ yāoqǐng wǒ tīng zhè yīnyuè jù.

艾琳娜：不客气。我很高兴你会喜欢这个音乐剧。舞者的编舞令人难以置信。它让我想起多年前我经常跳舞的回忆。
ài lín nà：bù kè qì. wǒ hěn gāo xìng nǐ huì xǐ huān zhè gè yīn lè jù. wǔ zhě de biān wǔ lìng rén nán yǐ zhì xìn. tā ràng wǒ xiǎng qǐ duō nián qián wǒ jīng cháng tiào wǔ de huí yì.

香农：我了解！那时候你真是个有才华的芭蕾舞演员。那你还想念跳舞吗？
xiāng nóng：wǒ le jiě! nà shí hòu nǐ zhēn shì gè yǒu cái huá de bā lěi wǔ yǎn yuán. nà nǐ hái xiǎng niàn tiào wǔ ma?

艾琳娜：噢，谢谢你的称赞。我有时会想念。而我永远都是热爱的艺术。这也就是我喜欢去看音乐剧的原因，因为它是舞蹈，歌曲和戏剧的完美结合。
ài lín nà：Ō, xièxiè nǐ de chēngzàn. Wǒ yǒushí huì xiǎngniàn. Ér wǒ yǒngyuǎn dōu shì rè'ài de yìshù. Zhè yě jiùshì wǒ xǐhuān qù kàn yīnyuè jù de yuányīn, yīnwèi tā shì wǔdǎo, gēqǔ hé xìjù de wánměi jiéhé.

香农：绝对是！我很高兴你还是一位艺术迷。谢谢你的邀请。我很开心能和您一起参加这些艺术活动和学习新知识。
xiāng nóng：jué duì shì! wǒ hěn gāo xìng nǐ hái shì yī wèi yì shù mí. xiè xiè nǐ de yāo qǐng. wǒ hěn kāi xīn néng hé nín yī qǐ cān jiā zhè xiē yì shù huó dòng hé xué xí xīn zhī shì.

GOING TO SEE A MUSICAL

Shannon: What a fantastic performance! Thank you for inviting me to the musical.

Elena: You are welcome. I'm happy you enjoyed the show. The choreography of the dancers was incredible. It reminds me of when I used to dance many years ago.

Shannon: I know! You were such a talented ballerina. Do you miss dancing?

Elena: Oh, that's very kind of you, Shannon. I do miss it sometimes. But I will always be a fan of the arts. That's why I love going to musicals because it's the perfect combination of dance, song and theater.

Shannon: Absolutely! I'm glad you are still an art fan too. Thank you for the invitation. It's always a pleasure to attend an arts event with you and learn something new.

23. 度假 – DÙ JIǍ
TAKING A VACATION

朱莉：我刚刚买了一张去纽约市的机票。我很期待到那个城市！
zhū lì：Wǒ gānggāng mǎile yī zhāng qù niǔyuē shì de jīpiào. Wǒ hěn qídài dào nàgè chéngshì!

索菲：太好了！旅行太棒了。我喜欢探索新的地方和认识新朋友。你是什么时候离开？
suǒ fēi：tài hǎo le! lǚ xíng tài bàng le. wǒ xǐ huān tàn suǒ xīn dì dìfāng hé rèn shì xīn péng yǒu. nǐ shì shén me shí hòu lí kāi?

朱莉：下周。我坐夜间航班。它比较便宜。而且希望我能在飞机上睡得着。
zhū lì：Xià zhōu. Wǒ zuò yèjiān hángbān. Tā bǐjiào piányí. Érqiě xīwàng wǒ néng zài fēijī shàng shuì dézháo.

索菲：我希望我能和你一起去！纽约市是一个非常棒的地方。你会玩得很开心。
suǒ fēi：Wǒ xīwàng wǒ néng hé nǐ yīqǐ qù! Niǔyuē shì shì yīgè fēicháng bàng dì dìfāng. Nǐ huì wán dé hěn kāixīn.

朱莉：我希望如此。我会去看望住在那里的弟弟。我会待在那一个星期，然后乘搭火车到华盛顿。
zhū lì：Wǒ xīwàng rúcǐ. Wǒ huì qù kànwàng zhù zài nàlǐ de dìdì. Wǒ huì dài zài nà yīgè xīngqí, ránhòu chéng dā huǒchē dào huáshèngdùn.

索菲：这听起来就是一个很棒的假期。我也很期待在海滩度过一个星期的暑假。我也只想放松一下。
suǒ fēi：zhè tīng qǐ lái jiù shì yī gè hěn bàng de jiǎ qī. wǒ yě hěn qī dài zài hǎi tān dù guò yī gè xīng qī de shǔ jiǎ. wǒ yě zhǐ xiǎng fàng sōng yī xià.

TAKING A VACATION

Julie: I just bought a ticket to New York City. I'm so excited to see the city!

Sophie: Good for you! Traveling is so much fun. I love discovering new places and new people. When are you leaving?

Julie: Next week. I'm taking the red eye. It was cheaper. Hopefully, I'll be able to sleep on the plane.

Sophie: I wish I could go with you! New York City is a magical place. You will have so much fun.

Julie: I hope so. I'm going to visit my brother who lives there. I will stay for a week and then take the train down to Washington, DC

Sophie: That sounds like a great vacation. I'm looking forward to a week at the beach for my summer vacation. I just want to relax.

24. 在宠物店 – ZÀI CHǑNG WÙ DIÀN
AT THE PET STORE

康妮：看，多漂亮的猫啊！你觉得呢？
kāng nī：Kàn, duō piàoliang de māo a! Nǐ juédé ne?

加里：我想我还是宁愿养一只狗。狗比猫更忠诚。猫都是懒惰的。
jiā lǐ：wǒ xiǎng wǒ hái shì níng yuàn yǎng yī zhǐ gǒu. gǒu bǐ māo gèng zhōng chéng. māo dōu shì lǎn duò de.

康妮：是吗，但狗狗都需要得到更多关注！那你愿意每天都带它们出去散步吗？而且为它们清理干净吗？
kāng nī：Shì ma, dàn gǒu gǒu dōu xūyào dédào gèng duō guānzhù! Nà nǐ yuànyì měitiān dū dài tāmen chūqù sànbù ma? Érqiě wèi tāmen qīnglǐ gānjìng ma?

加里：嗯。说的也对。那养鸟如何？还是养一条鱼？
jiā lǐ：ń. shuō de yě duì. nà yǎng niǎo rú hé? hái shì yǎng yī tiáo yú?

康妮：我们会花更多钱购买笼子或鱼缸。老实说，我也不知道如何照顾一只鸟或一条鱼！
kāng nī：wǒ men huì huā gèng duō qián gòu mǎi lóng zi huò yú gāng. lǎo shí shuō, wǒ yě bù zhī dào rú hé zhào gù yī zhǐ niǎo huò yī tiáo yú!

加里：好吧，看来我们还没准备好去领养宠物。
jiā lǐ：hǎo ba, kàn lái wǒ men hái méi zhǔn bèi hǎo qù lǐng yǎng chǒng wù

康妮：哈哈...是的，你说的对。不如我们去吃点东西再讨论吧。
kāng nī：Hāhā... Shì de, nǐ shuō de duì. Bùrú wǒmen qù chī diǎn dōngxī zài tǎolùn ba.

AT THE PET STORE

Connie: What a beautiful cat! What do you think?

Gary: I think I'd rather get a dog. Dogs are more loyal than cats. Cats are just lazy.

Connie: Yes, but they need so much attention! Would you be willing to walk it every single day? And clean up after it?

Gary: Hmm. Good point. What about a bird? Or a fish?

Connie: We'd have to invest a lot of money in a cage or a fish tank. And I honestly don't know how to take care of a bird or a fish!

Gary: Well, we're obviously not ready to get a pet yet.

Connie: Haha... Yeah, you're right. Let's get some food and talk about it.

25. 表达你的意见 – BIǍO DÁ NǏ DE YÌ JIÀN
EXPRESSING YOUR OPINION

杰克：今年我们应该去哪度假？我们需要尽快做出决定了。
jié kè ：jīn nián wǒ men yīng gāi qù nǎ dù jiǎ? wǒ men xū yào jǐn kuài zuò chū jué dìng le.

梅丽莎：嗯，我想去天氣溫暖的地方。你觉得去海滩好吗？或者我们可以在湖上租一间小屋。
méi lì shā ：ń, wǒ xiǎng qù tiān qì wēn nuǎn dì dìfāng. nǐ jué dé qù hǎi tān hǎo ma? huò zhě wǒ men kě yǐ zài hú shàng zū yī jiān xiǎo wū.

杰克：你又想去海边吗？我想在这个冬天滑雪。我们可以明年4月前往科罗拉多州的落基山脉吗？那里有美丽的滑雪胜地。
jié kè ：nǐ yòu xiǎng qù hǎi biān ma? wǒ xiǎng zài zhè gè dōng tiān huá xuě. wǒ men kě yǐ míng nián 4 yuè qián wǎng kē luō lā duō zhōu de luò jī shān mài ma? nà lǐ yǒu měi lì de huá xuě shèngdì.

梅丽莎：哦，我们以前从未去过科罗拉多州！但我不知道那时是否有溫暖的天氣。我想我需要先看一些资料。看了之后我再做出决定。
méi lì shā ：ó, wǒ men yǐ qián cóng wèi qù guò kē luō lā duō zhōu! dàn wǒ bù zhī dào nà shí shì fǒu yǒu wēn nuǎn de tiān qì. wǒ xiǎng wǒ xū yào xiān kàn yī xiē zī liào. kàn le zhī hòu wǒ zài zuò chū jué dìng.

EXPRESSING YOUR OPINION

Jake: Where should we take a vacation this year? We need to decide soon.

Melissa: Well, I'd like to go somewhere warm. How about the beach? Or we could rent a cabin on the lake.

Jake: You want to go to the beach, again? I want to ski this winter. We can compromise and travel to the Rocky Mountains in Colorado next April? There are beautiful ski resorts there.

Melissa: Oh, we've never been to Colorado before! But I don't know if it will be sunny and warm then. I need to do some research first. That will help me make a decision.

26. 爱好 – ÀI HǎO
Hobbies

瑞恩：我很高兴本周期中考试结束了。
ruì ēn ：wǒ hěn gāoxìng běn zhōuqí zhōng kǎoshì jiéshùle.

泰勒：我也是。我期待着这个周末到山上放松。我打算在树林里远足。而且，如果天气好的话，我会到河边划独木舟。
tài lēi ：wǒ yě shì. wǒ qī dài zhe zhè gè zhōu mò dào shān shàng fàng sōng. wǒ dǎ suàn zài shù lín lǐ yuǎn zú. ér qiě, rú guǒ tiān qì hǎo de huà, wǒ huì dào hé biān huà dú mù zhōu.

瑞恩：噢，听起来太有趣了！我将去科罗拉多州并且带上我的相机，因为秋天快到了，叶子也变成了红色和橙色了。拍照一定很棒。
ruì ēn ：Ō, tīng qǐlái tài yǒuqùle! Wǒ jiāng qù kēluōlāduō zhōu bìngqiě dài shàng wǒ de xiàngjī, yīnwèi qiūtiān kuài dàole, yèzi yě biàn chéngle hóngsè hé chéngsèle. Pāizhào yīdìng hěn bàng.

泰勒：若下次你再去那里，我一定跟你去。我听说科罗拉多州是划独木舟的好地方。
tài lēi ：Ruò xià cì nǐ zài qù nàlǐ, wǒ yīdìng gēn nǐ qù. Wǒ tīng shuō kēluōlāduō zhōu shì huá dú mùzhōu de hǎo dìfāng.

HOBBIES

Ryan: I'm so happy this week of midterm exams is finished.

Tyler: Same here. I'm looking forward to relaxing in the mountains this weekend. I've planned a nice little hike in the woods. Also, if the weather is good, I'm going to go canoeing down the river.

Ryan: Oh, how fun! I'm going to Colorado. I'm taking my camera because fall is coming fast. The leaves are already turning all shades of red and orange. It will be awesome.

Tyler: Next time you go there, I'll join you. I've heard Colorado is a great place to go canoeing.

27. 婚礼 – Hūn Lǐ
The Wedding

安吉丽卡：那新娘穿上的婚纱是不是很漂亮？
ān jí lì kǎ : *nà xīn niáng chuān shàng de hūn shā shì bù shì hěn piào liàng?*

玛丽亚：是。她看起来好漂亮。而且新郎也很浪漫。我刚刚听说他如何求婚的故事！他是在布拉格的烛光晚餐时向她求婚了。那也是他们一起上学的地方。
mǎ lì yà : *shì. tā kàn qǐ lái hǎo piào liàng. ér qiě xīn láng yě hěn làng màn. wǒ gāng gāng tīng shuō tā rú hé qiú hūn de gù shì! tā shì zài bù lā gé de zhú guāng wǎn cān shí xiàng tā qiú hūn le. nà yě shì tā men yī qǐ shàng xué de dì fāng.*

安吉丽卡：哦，是吗？太浪漫了。还有他们的蜜月！也是一个很棒的计划！大多数人结婚后只会去海滩一个星期。我觉得这很无聊。相反地，他们计划前往加利福尼亚州并在他们的摩托车上航游海岸。
ān jí lì kǎ : *ó, shì ma? tài làng màn le. hái yǒu tā men de mì yuè! yě shì yī gè hěn bàng de jì huà! dà duō shù rén jié hūn hòu zhǐ huì qù hǎi tān yī gè xīng qī. wǒ jué dé zhè hěn wú liáo. xiāng fǎn dì, tā men jì huà qián wǎng jiā lì fú ní yà zhōu bìng zài tā men de mó tuō chē shàng háng yóu hǎi àn.*

玛丽亚：真的！这安排太棒了。这是我目前为止出席最棒的婚礼！
mǎ lì yà : *zhēn de! zhè ān pái tài bàng le. zhè shì wǒ mù qián wèi zhǐ chū xí zuì bàng de hūn lǐ!*

THE WEDDING

Angelica: Doesn't the bride look beautiful in that wedding dress?

Maria: Yes. She looks amazing. And the groom is such a romantic.

I just heard the story of how they got engaged! He proposed to her during a candlelight dinner in Prague. That was where they went to school.

Angelica: Oh yea? Wonderful. And the honeymoon! What a great idea! Most people just go to the beach for a week after they tie the knot. I think that's such a boring idea. Instead, they plan on going to California and cruising the coast on their motorcycle.

Maria: Really! What a fantastic idea. This is by far the best wedding I've ever been to in my life!

28. 给建议 – GĚI JIÀN YÌ
GIVING ADVICE

莱拉：谢谢你在午餐时间和我见面。谢谢你。
lái lā ：xiè xiè nǐ zài wǔ cān shí jiān hé wǒ jiàn miàn. xiè xiè nǐ.

莫尼卡：没问题。我很乐意帮助你。发生了什么事？
mò ní kǎ ：méi wèn tí. wǒ hěn lè yì bāng zhù nǐ. fā shēng le shén me shì?

莱拉：哦，你知道的，如常一样。我必须尽快决定 ... 我应不应该接受这份新工作？或者我应该维持我目前的工作？
lái lā ：ó, nǐ zhī dào de, rú cháng yī yàng. wǒ bì xū jǐn kuài jué dìng ... wǒ yīng bù yīng gāi jiē shòu zhè fèn xīn gōng zuò? huò zhě wǒ yīng gāi wéi chí wǒ mù qián de gōng zuò?

莫尼卡：嗯，我觉得是时候改变了，不是吗？他们迟发工资并且你也不喜欢。这足以让你辞掉工作了。
mò ní kǎ ：ń, wǒ jué dé shì shí hòu gǎi biàn le, bù shì ma? tā men chí fā gōng zī bìng qiě nǐ yě bù xǐ huān. zhè zú yǐ ràng nǐ cí diào gōng zuò le.

莱拉：你真的这么认为吗？
lái lā ：nǐ zhēn de zhè me rèn wèi ma?

莫妮卡：我认为是。我也一直在听你抱怨也有一年多了。相信我。接受这份新工作。你也没什么好损失的？
mò nī kǎ ：wǒ rèn wèi shì. wǒ yě yī zhí zài tīng nǐ bào yuàn yě yǒu yī nián duō le. xiāng xìn wǒ. jiē shòu zhè fèn xīn gōng zuò. nǐ yě méi shén me hǎo sǔn shī de?

莱拉：好的，我被你说服了。你一直都是给我最好的建议。
lái lā ：hǎo de, wǒ bèi nǐ shuō fú le. nǐ yī zhí dōu shì gěi wǒ zuì hǎo de jiàn yì.

GIVING ADVICE

Layla: Thanks for meeting with me during your lunch hour. I appreciate it.

Monica: No problem. I'm happy to help. What's happening?

Layla: Oh you know, the usual. I have to decide soon… Should I take this new job? Or do I stick with my current one?

Monica: Well, I think it's time for a change, don't you? They pay you late and you are unhappy. That's more than enough reasons to quit your job.

Layla: Do you really think so?

Monica: I know so. And I've been listening to you complain for over a year now. Trust me. Take the job. What do you have to lose?

Layla: Ok, you convinced me. You have always given me the best advice.

29. 教导孩子们 –
TEACHING CHILDREN

山姆：嗨杰克，你今天过得如何？
shān mǔ ：*hāi jié kè, nǐ jīn tiān guò dé rú hé?*

杰克：嗨萨姆，你都去过哪里了？我一直在找你。
jié kè ：*hāi sà mǔ, nǐ dōu qù guò nǎ lǐ le? wǒ yī zhí zài zhǎo nǐ.*

山姆：你一定不会相信我刚才有过的有趣经历。我和一群小孩子一起度过了一整天！
shān mǔ ：*nǐ yī dìng bù huì xiāng xìn wǒ gāng cái yǒu guò de yǒu qù jīng lì. wǒ hé yī qún xiǎo hái zi yī qǐ dù guò le yī zhěng tiān!*

杰克：这听起来很有趣。告诉我多一点。
jié kè ：*zhè tīng qǐ lái hěn yǒu qù. gào sù wǒ duō yī diǎn.*

山姆：是的，这是一段美好的时光…但是我感到非常疲惫，我没意识到那些孩子们有多么多的精力！
shān mǔ ：*shì de, zhè shì yī duàn měi hǎo de shí guāng ... dàn shì wǒ gǎn dào fēi cháng pí bèi, wǒ méi yì shì dào nà xiē hái zi men yǒu duō me duō de jīng lì!*

杰克：你在哪里见过这些孩子？
jié kè ：*nǐ zài nǎ lǐ jiàn guò zhè xiē hái zi?*

山姆：在芝加哥的小学，我早上有机会参观他们的一些课程。之后我在下午教他们一些基本的英语单词游戏。
shān mǔ ：*zài zhī jiā gē de xiǎo xué, wǒ zǎo shàng yǒu jī huì cān guān tā men de yī xiē kè chéng. zhī hòu wǒ zài xià wǔ jiào tā men yī xiē jī běn de yīng yǔ dān cí yóu xì.*

杰克：我相信英语对他们来说可能很难吧。
jié kè ：*wǒ xiāng xìn yīng yǔ duì tā men lái shuō kě néng hěn nán ba.*

山姆：令人惊讶的是，他们都非常渴望学习。老实说，我对此印象深刻。
shān mǔ： lìng rén jīng yà de shì, tā men dōu fēi cháng kě wàng xué xí. lǎo shí shuō, wǒ duì cǐ yìn xiàng shēn kè.

杰克：太好了。你最后都教他们什么？
jié kè： tài hǎo le. nǐ zuì hòu dōu jiào tā men shén me?

山姆：孩子们喜欢大声重复的话语！有时候我大声喊出句子，然后他们对我大声喊叫出，若我低声地说，然后他们也会低声地说回来。真是太有趣了！
shān mǔ： hái zi men xǐ huān dà shēng zhòng fù de huà yǔ! yǒu shí hòu wǒ dà shēng hǎn chū jù zi, rán hòu tā men duì wǒ dà shēng hǎn jiào chū, ruò wǒ dī shēng de shuō, rán hòu tā men yě huì dī shēng de shuō huí lái. zhēn shì tài yǒu qù le!

杰克：你知道吗，当我还是一名外国留学生时，我们从来没有像这样的英语课。孩子们有这么棒的经历，我也很开心。
jié kè： nǐ zhī dào ma, dāng wǒ hái shì yī míng wài guó liú xué shēng shí, wǒ men cóng lái méi yǒu xiàng zhè yàng de yīng yǔ kè. hái zi men yǒu zhè me bàng de jīng lì, wǒ yě hěn kāi xīn.

TEACHING CHILDREN

Sam: Hi Jack, how was your day?

Jack: Hi Sam, where have you been? I've been looking for you.

Sam: You won't believe the interesting experience I just had. I spent the whole day with a ton of children!

Jack: That sounds like fun. Tell me more.

Sam: Yes, it was a great time... but it was so exhausting! I didn't realize that kids have so much energy.

Jack: Where did you meet all these kids?

Sam: At the elementary school in Chicago. I had an opportunity to visit some of their classes in the morning. After that I taught them some basic English with word games in the afternoon.

Jack: I'm sure English was probably very difficult for them.

Sam: Surprisingly, they were all very eager to learn. Honestly, I was impressed.

Jack: That's great. What did you end up teaching them?

Sam: The kids love to repeat things out loud! Sometimes I yelled out the sentences, and they yelled back at me. I whispered, and they whispered back. It was so much fun!

Jack: You know, when I was a foreign exchange student, we never had English lessons like that. It makes me happy the children had such a wonderful experience.

30. 网球乐趣 – WǍNG QIÚ LÈ QÙ
FUN WITH TENNIS

阿尔玛：塞巴斯蒂安，你能告诉我怎么样握着球拍吗？
ā ěr mǎ：sāi bā sī dì ān, nǐ néng gào sù wǒ zěn me yàng wò zhe qiú pāi ma?

塞巴斯蒂安：当然可以，就像我们握手时一样。伸出手，好像你要握手一样…
sāi bā sī dì ān：dāng rán kě yǐ, jiù xiàng wǒ men wò shǒu shí yī yàng. shēn chū shǒu, hǎo xiàng nǐ yào wò shǒu yī yàng …

阿尔玛：就像这样？
ā ěr mǎ：jiù xiàng zhè yàng?

塞巴斯蒂安：是的，就像那样。现在，把球拍放在手里，就像这样。
sāi bā sī dì ān：shì de, jiù xiàng nà yàng. xiàn zài, bǎ qiú pāi fàng zài shǒu lǐ, jiù xiàng zhè yàng.

阿尔玛：现在我已经准备好,像专业球员一样可以接球！
ā ěr mǎ：xiàn zài wǒ yǐ jīng zhǔn bèi hǎo, xiàng zhuān yè qiú yuán yī yàng kě yǐ jiē qiú!

塞巴斯蒂安：哈哈，差不多！记住我告诉过你的。只有两种类型的挥杆，正手和反手。
sāi bā sī dì ān：hā hā, chà bù duō! jì zhù wǒ gào sù guò nǐ de. zhǐ yǒu liǎng zhǒng lèi xíng de huī gān, zhèng shǒu hé fǎn shǒu.

阿尔玛：好的，我记得。你说从右边开始正手击球，就像打乒乓球一样。
ā ěr mǎ：hǎo de, wǒ jì dé. nǐ shuō cóng yòu biān kāi shǐ zhèng shǒu jī qiú, jiù xiàng dǎ pīng pāng qiú yī yàng.

塞巴斯蒂安：没错。现在试一试。你准备好了吗？接着！
sāi bā sī dì ān：méi cuò. xiàn zài shì yī shì. nǐ zhǔn bèi hǎo le ma? jiē zhe!

阿尔玛：哎呀！我完全错过了！
ā ěr mǎ ： *āi ya! wǒ wán quán cuò guò le!*

塞巴斯蒂安：没关系，再试一次。
sāi bā sī dì ān ： *méi guān xì, zài shì yī cì.*

阿尔玛：哦，我明白了。让我再尝试一次...
ā ěr mǎ ： *ó, wǒ míng bái le. ràng wǒ zài cháng shì yī cì...*

塞巴斯蒂安：这是另一个球...哇！你击中围栏！你真是一个力道非常强大的女孩。
sāi bā sī dì ān ： *zhè shì lìng yī gè qiú... wa! nǐ jī zhōng wéi lán! nǐ zhēn shì yī gè lì dào fēi cháng qiáng dà de nǚ hái.*

阿尔玛：哈哈。我想我需要更多练习！
ā ěr mǎ ： *hā hā. wǒ xiǎng wǒ xū yào gèng duō liàn xí!*

FUN WITH TENNIS

Alma: Sebastian, could you show me how to hold the racket?

Sebastian: Sure Alma, it's just like when we shake hands. Hold your hand out as if you were about to shake my hand...

Alma: Just like this?

Sebastian: Yes, just like that. Now, put the racket in your hand, like this.

Alma: Now I'm ready to hit the ball like a professional!

Sebastian: Haha, almost! Remember what I told you. There are only two types of swings, the forehand and the backhand.

Alma: Ok, I remember. You said hitting a forehand, starting on my right, is like hitting a ping pong ball.

Sebastian: That's right. Give it a try now. Are you ready? Hit this!

Alma: Oops! I completely missed it!

Sebastian: That's alright, try again.

Alma: Oh, I see. Let me try again...

Sebastian: Here comes another ball... Wow! You hit it over the fence! You're a very powerful lady.

Alma: Haha. I guess I need to practice more!

31. 住在加利福尼亚州 – Zhù Zài Jiā Lì Fú Ní Yà Zhōu
Living In California

杰西卡：今天早上好冷。
jié xī kǎ ：*jīn tiān zǎo shàng hǎo lěng.*

塔蒂亚娜：确实很冷。今天早上我不得不用水喷洒我车子的挡风玻璃，因为它被霜冻覆盖了。
tǎ dì yà nà ：*Quèshí hěn lěng. Jīntiān zǎoshang wǒ bùdé bùyòng shuǐ pēnsǎ wǒ chēzi de dǎng fēng bōlí, yīnwèi tā bèi shuāngdòng fùgàile.*

杰西卡：我从来没想过在12月初会这么冷，特别是在加利福尼亚州。
jié xī kǎ ：*Wǒ cónglái méi xiǎngguò zài 12 yuèchū huì zhème lěng, tèbié shì zài jiālìfúníyǎ zhōu.*

塔蒂亚娜：对啊。今天早上醒来的时候气温是40度。我一下床就感觉被冻僵了。寒冷的天气绝对不是一个好惊喜。
tǎ dì yà nà ：*duì a. jīn tiān zǎo shàng xǐng lái de shí hòu qì wēn shì 40 dù. wǒ yī xià chuáng jiù gǎn jué bèi dòng jiāng le. hán lěng de tiān qì jué duì bù shì yī gè hǎo jīng xǐ.*

杰西卡：我真的不记得十二月有过这么冷。
jié xī kǎ ：*Wǒ zhēn de bù jìdé shí'èr yuè yǒuguò zhème lěng.*

塔蒂亚娜：更糟糕的是今天下午会下雨。它会变得寒冷潮湿！
tǎ dì yà nà ：*gèng zāo gāo de shì jīn tiān xià wǔ huì xià yǔ. tā huì biàn dé hán lěng cháo shī!*

杰西卡：哎呀！今天下午会下雨吗？
jié xī kǎ ：*āi ya! jīn tiān xià wǔ huì xià yǔ ma?*

塔蒂亚娜：不仅是今天下午，还有这星期接下来的每一天。新闻说在中午之前会开始下毛毛雨，然后四点钟就会下大雨。
tǎ dì yà nà：bù jǐn shì jīn tiān xià wǔ, hái yǒu zhè xīng qī jiē xià lái de měi yī tiān. xīn wén shuō zài zhōng wǔ zhī qián huì kāi shǐ xià máo máo yǔ, rán hòu sì diǎn zhōng jiù huì xià dà yǔ.

杰西卡：我猜这周天气不会有好转的迹象吧？
jié xī kǎ：wǒ cāi zhè zhōu tiān qì bù huì yǒu hǎo zhuǎn de jī xiàng ba?

塔蒂亚娜：星期六出阳光的几率会很小。但是，在本周末太阳出来之前，将会有雾，多风，和多雨。
tǎ dì yà nà：Xīngqíliù chū yángguāng de jǐlǜ huì hěn xiǎo. Dànshì, zài běn zhōumò tàiyáng chūlái zhīqián, jiāng huì yǒu wù, duō fēng, hé duōyǔ.

杰西卡：即使我不喜欢阴雨天气，但我也很高兴下雨了。今年到目前为止，我们这的季节都非常干燥。
jié xī kǎ：jí shǐ wǒ bù xǐ huān yīn yǔ tiān qì, dàn wǒ yě hěn gāo xìng xià yǔ le. jīn nián dào mù qián wèi zhǐ, wǒ men zhè de jì jié dōu fēi cháng gàn zào.

塔蒂亚娜：是的，我不记得上次下雨的时候是多久了。好吧，只要没有雷电或闪电，我都能忍受。
tǎ dì yà nà：shì de, wǒ bù jì dé shàng cì xià yǔ de shí hòu shì duō jiǔ le. hǎo ba, zhǐ yào méi yǒu léi diàn huò shǎn diàn, wǒ dū néng rěn shòu.

杰西卡：加利福尼亚州很少有雷电或闪电。
jié xī kǎ：jiā lì fú ní yà zhōu hěn shǎo yǒu léi diàn huò shǎn diàn.

塔蒂亚娜：我们非常幸运因为加州的天气在美国是最好的。
tǎ dì yà nà：wǒ men fēi cháng xìng yùn yīn wèi jiā zhōu de tiān qì zài měi guó shì zuì hǎo de.

杰西卡：你说的对，有些地方更糟糕。好吧，上课现在要开始了，所以我们稍后再见。
jié xī kǎ：Nǐ shuō de duì, yǒuxiē dìfāng gèng zāogāo. Hǎo ba, shàngkè xiànzài yào kāishǐle, suǒyǐ wǒmen shāo hòu zàijiàn.

塔蒂亚娜：待会见。
tǎ dì yà nà：dài huì jiàn.

LIVING IN CALIFORNIA

Jessica: It is so chilly this morning.

Tatiana: It certainly is. Early this morning I had to spray my car's windshield because it was covered with frost.

Jessica: I never would have thought it could be this cold in early December, especially in California.

Tatiana: I know. The temperature was 40 degrees Fahrenheit when I woke up this morning. I was freezing as soon as I got out of bed. The cold weather was definitely not a nice surprise.

Jessica: I can't remember when it was actually this cold in December.

Tatiana: What's worse is that it's going to rain this afternoon. It's going to be cold and wet!

Jessica: Yuck! It's going to rain this afternoon?

Tatiana: Not just this afternoon, but also the entire rest of the week. The news said that it would start to drizzle just before noon, and then it would rain really hard by four o'clock.

Jessica: I'm guessing there's no sign of better weather this week?

Tatiana: There is a slim chance of sunshine by Saturday. However, it will be foggy, windy, and rainy before the sun comes out this weekend.

Jessica: I am glad that it rains even though I do not like rainy weather. We have a very dry season so far this year.

Tatiana: Yes, I can hardly remember when it rained last time. Well, as long as there is no thunder or lightning, I can stand it.

Jessica: We rarely have thunder or lightning in California.

Tatiana: We are very lucky that California has one of the best weather conditions in America.

Jessica: You are right, there are worse places we could be living. Alright, class is starting right now so I'll see you later.

Tatiana: See you later.

32. 烘焙 – HŌNG BÈI
BAKING

切尔西：妈妈，你在做什么？闻起来很香。
qiè ěr xī：mā mā, nǐ zài zuò shén me? wén qǐ lái hěn xiāng.

凯莉太太：我正在烤蛋糕。这是你最喜欢的萝卜蛋糕。
kǎi lì tài tài：wǒ zhèng zài kǎo dàn gāo. zhè shì nǐ zuì xǐ huān de luó bo dàn gāo.

切尔西：看起来很美味。我也看到那里有松饼。你都在忙吧？
qiè ěr xī：kàn qǐ lái hěn měi wèi. wǒ yě kàn dào nà lǐ yǒu sōng bǐng. nǐ dōu zài máng ba?

凯莉太太：对。多诺万明天必须要带一些到生日派对上去。所以，那些松饼是给他的。千万不能吃。
kǎi lì tài tài：Duì. Duō nuò wàn míngtiān bìxū yào dài yīxiē dào shēngrì pàiduì shàngqù. Suǒyǐ, nàxiē sōng bǐng shì gěi tā de. Qiān wàn bùnéng chī.

切尔西：我可以吃一块胡萝卜蛋糕吗？我现在就想吃。
qiè ěr xī：wǒ kě yǐ chī yī kuài hú luó bo dàn gāo ma? wǒ xiàn zài jiù xiǎng chī.

凯莉太太：你不想等到晚饭后吗？
kǎi lì tài tài：nǐ bù xiǎng děng dào wǎn fàn hòu ma?

切尔西：蛋糕在叫我的名字了，"切尔西，吃我 … 吃我 …"不，我不想等了。妈妈，我可以吃吗？
qiè ěr xī：dàn gāo zài jiào wǒ de míng zì le, "qiè ěr xī, chī wǒ … chī wǒ …" bù, wǒ bù xiǎng děng le. mā mā, wǒ kě yǐ chī ma?

凯莉太太：哈哈 … 好吧，拿去。
kǎi lì tài tài：hā hā … hǎo ba, ná qù.

切尔西：太好吃了！那今晚晚餐吃什么？
qiè ěr xī ： tài hǎo chī le! nà jīn wǎn wǎn cān chī shén me?

凯莉太太：我要做烤牛肉和蘑菇汤。
kǎi lì tài tài ： wǒ yào zuò kǎo niú ròu hé mó gū tāng.

切尔西：你已经有很长时间没做蘑菇汤了。妈妈，你需要帮忙吗？
qiè ěr xī ： Nǐ yǐjīng yǒu hěn cháng shíjiān méi zuò mógū tāngle. Māmā, nǐ xūyào bāngmáng ma?

凯莉太太：不了，你去做你的功课，烹饪的任务就交给我吧。
kǎi lì tài tài ： bù le, nǐ qù zuò nǐ de gōng kè, pēng rèn de rèn wù jiù jiāo gěi wǒ ba.

切尔西：谢谢，妈妈。晚餐准备好请你告诉我。我迫不及待想吃烤牛肉，蘑菇汤，胡萝卜蛋糕和松饼。
qiè ěr xī ： xiè xiè, mā mā. wǎn cān zhǔn bèi hǎo qǐng nǐ gào sù wǒ. wǒ pò bù jí dài xiǎng chī kǎo niú ròu, mó gū tāng, hú luó bo dàn gāo hé sōng bǐng.

凯莉太太：松饼是给多诺万的。别碰！
kǎi lì tài tài ： sōng bǐng shì gěi duō nuò wàn de. bié pèng!

切尔西：我知道了，妈妈。我只是在开玩笑。
qiè ěr xī ： wǒ zhī dào le, mā mā. wǒ zhǐ shì zài kāi wán xiào.

BAKING

Chelsea: Mom, what are you cooking? It smells so good.

Mrs. Kelly: I am baking cakes. This is your favorite carrot cake.

Chelsea: It looks scrumptious. And I see muffins some over there too. You have been busy, haven't you?

Mrs. Kelly: Yes. Donovan has to take some to a birthday party tomorrow. So, those muffins are just for him. Don't eat them.

Chelsea: Can I have a piece of carrot cake? I want to enjoy life right now.

Mrs. Kelly: You don't want to wait until after dinner?

Chelsea: The cake is calling my name, "Chelsea, eat me... eat me..." No, I don't want to wait. Can I, mom?

Mrs. Kelly: Ha ha... Ok, go ahead.

Chelsea: Yum! So what's for dinner tonight?

Mrs. Kelly: I will make roast beef and cream of mushroom soup.

Chelsea: It has been a long time since you made cream of mushroom soup. Do you need any help, mom?

Mrs. Kelly: No, go do your homework and leave the cooking to me.

Chelsea: Thanks, mom. Call me whenever dinner is ready. I do not want to be late for roast beef, cream of mushroom soup, carrot cake and muffins.

Mrs. Kelly: The muffins are for Donovan. Do not touch them!

Chelsea: I know, mom. I'm just kidding.

33. 通过电话提供帮助 – ŌNG GUÒ DIÀN HUÀ TÍ GŌNG BĀNG ZHÙ
Help Over The Phone

吉吉：谢谢你打电话给体育娱乐中心。请问有什么可以帮你吗？
jí jí : *xiè xiè nǐ dǎ diàn huà gěi tǐ yù yú lè zhōng xīn. qǐng wèn yǒu shén me kě yǐ bāng nǐ ma?*

科莱特：几个月前我在你的店里购买了一辆健身脚踏车，我遇到了问题。它无法启动了，我需要你们修理。
kē lái tè : *jǐ gè yuè qián wǒ zài nǐ de diàn lǐ gòu mǎi le yī liàng jiàn shēn jiǎo tà chē, wǒ yù dào le wèn tí. tā wú fǎ qǐ dòng le, wǒ xū yào nǐ men xiū lǐ.*

吉吉：让我把你接通到服务部门。稍等一会儿。
jí jí : *Ràng wǒ bǎ nǐ jiē tōng dào fúwù bùmén. Shāo děng yīhuǐ'er.*

安吉拉：服务部门，这是安吉拉。有什么事我可以帮你吗？
ān jí lā : *fú wù bù mén, zhè shì ān jí lā. yǒu shén me shì wǒ kě yǐ bāng nǐ ma?*

科莱特：我去年从体育中心买了一辆健身脚踏车，需要修理。
kē lái tè : *wǒ qù nián cóng tǐ yù zhōng xīn mǎi le yī liàng jiàn shēn jiǎo tà chē, xū yào xiū lǐ.*

安吉拉：你知道发生了什么问题呢？
ān jí lā : *nǐ zhī dào fā shēng le shén me wèn tí ne?*

科莱特：我不太确定发生了什么，但电脑屏幕是黑色的，而且不再运作了。
kē lái tè : *wǒ bù tài què dìng fā shēng le shén me, dàn diàn nǎo píng mù shì hēi sè de, ér qiě bù zài yùn zuò le.*

安吉拉：你试过按下开始按钮吗？
ān jí lā : *nǐ shì guò àn xià kāi shǐ àn niǔ ma?*

科莱特：有,但是什么都没有。
kē lái tè：yǒu, dàn shì shén me dōu méi yǒu.

安吉拉：你的脚踏车是什么型号？
ān jí lā：nǐ de jiǎo tà chē shì shén me xíng hào?

科莱特：是"骷髅头420Z+",它的架前面有非常酷的篮子。
kē lái tè：Shì "kūlóu tóu 420Z +", tā de jià qiánmiàn yǒu fēicháng kù de lánzi.

安吉拉：我可以派一名技术人员去看看你的脚踏车。人工费用将会是5,000美元。此外,如果我们必须更换任何部件,那将是额外的费用。你愿意吗？
ān jí lā：wǒ kě yǐ pài yī míng jì shù rén yuán qù kàn kàn nǐ de jiǎo tà chē. rén gōng fèi yòng jiāng huì shì 5,000 měi yuán. cǐ wài, rú guǒ wǒ men bì xū gèng huàn rèn hé bù jiàn, nà jiāng shì é wài de fèi yòng. nǐ yuàn yì ma?

科莱特：这很贵。难道保修不包括维修费用吗？
kē lái tè：zhè hěn guì. nán dào bǎo xiū bù bāo kuò wéi xiū fèi yòng ma?

安吉拉：请问你是什么时候购买的？
ān jí lā：qǐng wèn nǐ shì shén me shí hòu gòu mǎi de?

科莱特：大约3个月前。
kē lái tè：dà yuē 3 gè yuè qián.

安吉拉：对不起。标准保修仅涵盖1个月。您是否在购买时购买了额外的保修期？
ān jí lā：duì bù qǐ. biāo zhǔn bǎo xiū jǐn hán gài 1 gè yuè. nín shì fǒu zài gòu mǎi shí gòu mǎi le é wài de bǎo xiū qī?

科莱特：不,我没有。除了支付5,000美元的人工费用外还有其他选择吗？
kē lái tè：bù, wǒ méi yǒu. chú le zhī fù 5,000 měi yuán de rén gōng fèi yòng wài hái yǒu qí tā xuǎn zé ma?

安吉拉：没有,非常抱歉。
ān jí lā：méi yǒu, fēi cháng bào qiàn.

科莱特：该死的！
kē lái tè：gāi sǐ de!

HELP OVER THE PHONE

Gigi: Thank you for calling Sports Recreation Center. How may I help you?

Colette: I purchased an exercise bike from your store a couple months ago, and I am having problems with it. It stopped working and I need to have it repaired.

Gigi: Let me connect you to the Service department. One moment please.

Angela: Service department, this is Angela. How can I help you?

Colette: I bought an exercise bike from Sports Center last year and it needs to be repaired.

Angela: What seems to be the problem?

Colette: I am not sure what happened, but the computer screen is black and doesn't turn on anymore.

Angela: Did you try to press the Start button?

Colette: Yes, and nothing turns on.

Angela: What is your bike model?

Colette: It is a Skull Crusher 420Z+, it's the one with the really cool basket in the front.

Angela: I can send a technician out to take a look at your bike. It will cost $5,000.00 for labor. Also, if we have to replace any parts, that will be extra. Sound like a deal?

Colette: That is expensive. Isn't the repair cost covered by warranty?

Angela: When did you purchase your bike?

Colette: About 3 months ago.

Angela: I am sorry. The standard warranty only covers 1 month. Did you buy extra warranty coverage at the time of purchase?

Colette: No, I did not. Are there any other options besides paying $5,000.00 for repair labor?

Angela: No, I am afraid not.

Colette: Dang it.

34. 去听演唱会 - QÙ TĪNG YǍN CHÀNG HUÌ
LET'S GO TO A CONCERT

基思：嘿丹妮尔，西蒙，今晚在公园里举行了一场演唱会，阵容很棒。你们要去吗？
jī sī： hēi dān nī ěr, xī méng, jīn wǎn zài gōng yuán lǐ jǔ xíng le yī chǎng yǎn chàng huì, zhèn róng hěn bàng. nǐ men yào qù ma?

丹妮尔：我今晚不用上班，所以我一定能去。
dān nī ěr： wǒ jīn wǎn bù yòng shàng bān, suǒ yǐ wǒ yī dìng néng qù.

西蒙：我也是，走吧！
xī méng： wǒ yě shì, zǒu ba!

丹妮尔：今晚有很多车...
dān nī ěr： jīn wǎn yǒu hěn duō chē...

西蒙：是呀，为什么交通如此的塞？
xī méng： shì ya, wèi shén me jiāo tōng rú cǐ de sāi?

基思：大家可能应该是前往公园参加那演唱会。将会是一支非常受欢迎的乐队，他们演奏的音乐非常好。
jī sī： dà jiā kě néng yīng gāi shì qián wǎng gōng yuán cān jiā nà yǎn chàng huì. jiāng huì shì yī zhī fēi cháng shòu huān yíng de lè duì, tā men yǎn zòu de yīn lè fēi cháng hǎo.

丹妮尔：对，他们的非常好。在过去的四年里，我从未错过他们的每一场演唱会。每当我发现乐队来到城镇我就会马上买票。
dān nī ěr： duì, tā men de fēi cháng hǎo. zài guò qù de sì nián lǐ, wǒ cóng wèi cuò guò tā men de měi yī chǎng yǎn chàng huì. měi dāng wǒ fā xiàn lè duì lái dào chéng zhèn wǒ jiù huì mǎ shàng mǎi piào.

西蒙：乐队多久前开始在当地演出？
xī méng：lè duì duō jiǔ qián kāi shǐ zài dāng dì yǎn chū?

丹妮尔：六年前他们就开始了，现在每年他们都会在六月的第一个星期演出。
dān nī ěr：liù nián qián tā men jiù kāi shǐ le, xiàn zài měi nián tā men dū huì zài liù yuè de dì yī gè xīng qī yǎn chū.

基思：西蒙，你今晚一定会很高兴。因为会有很好听的音乐，很多人会跳起来，绝对会大声欢呼。他们甚至可能有一个狂舞区。
jī sī：Xīméng, nǐ jīn wǎn yīdìng huì hěn gāoxìng. Yīnwèi huì yǒu hěn hǎotīng de yīnyuè, hěnduō rén huì tiào qǐlái, juéduì huì dàshēng huānhū. Tāmen shènzhì kěnéng yǒu yīgè kuáng wǔ qū.

西蒙：我等不及了，听起来很有趣。
xī méng：wǒ děng bù jí le, tīng qǐ lái hěn yǒu qù.

丹妮尔：我最喜欢的是饶舌音乐；但是，我不得不说乡村音乐听起来也很愉快。更棒的是，我还可以整天听。
dān nī ěr：wǒ zuì xǐ huān de shì ráo shé yīn lè ; dàn shì, wǒ bù dé bù shuō xiāng cūn yīn lè tīng qǐ lái yě hěn yú kuài. gèng bàng de shì, wǒ hái kě yǐ zhěng tiān tīng.

基思：西蒙，你喜欢什么样的音乐？
jī sī：xī méng, nǐ xǐ huān shén me yàng de yīn lè?

西蒙：哦，我喜欢各种各样的音乐，只要它没有侵犯性的。
xī méng：ó, wǒ xǐ huān gè zhǒng gè yàng de yīn lè, zhǐ yào tā méi yǒu qīn fàn xìng de.

丹妮尔：哇，体育场挤满了人！我很惊讶看到那些已经出席音乐会的人数。还好我们已经在这里了！
dān nī ěr：wa, tǐ yù chǎng jǐ mǎn le rén! wǒ hěn jīng yà kàn dào nà xiē yǐ jīng chū xí yīn lè huì de rén shù. hái hǎo wǒ men yǐ jīng zài zhè lǐ le!

LET'S GO TO A CONCERT

Keith: Hey Danielle, Simon, there is a concert in the park tonight with a great line up. Do you want to go?

Danielle: I don't work tonight so I can definitely go.

Simon: Me too, let's go!

Danielle: There's a ton of cars out tonight...

Simon: Yea, why is the traffic so heavy?

Keith: People are probably heading toward the park for the concert. It's a very popular band and they play really good music.

Danielle: Yes, they do. For the last four years, I have never missed one of their concerts. Every time I find out that the band is coming to town I buy a ticket right away.

Simon: How long ago did the band start playing here locally?

Danielle: They started a tradition six years ago and now every year they play the whole first week of June.

Keith: Simon, you are really going to enjoy this evening. There will be good great music, a lot of jumping around, and definitely a lot of shouting. They may even have a mosh pit.

Simon: I can't wait, it sounds like a lot fun.

Danielle: My favorite is gangster rap music; however, I have to say that country music can be pleasant to listen to. Surprisingly, I can listen to it all day long.

Keith: Simon, what kind of music do you like?

Simon: Oh, I like all kinds of music as long as it is not aggressive.

Danielle: Wow, the stadium is packed with people! I'm surprised at the number of people who have already shown up for the concert. It's a good thing we're here already!

35. 准备计划 – ZHǓN BÈI JÌ HUÀ
MAKING PLANS

康妮：丽莎，……你对即将到来的周末有什么打算？
kāng nī ：lì shā, ... nǐ duì jí jiāng dào lái de zhōu mò yǒu shén me dǎ suàn?

丽莎：我不知道。你想聚在一起做点什么吗？
lì shā ：wǒ bù zhī dào. nǐ xiǎng jù zài yī qǐ zuò diǎn shén me ma?

莎拉：你觉得去看电影如何？在"巴卡路"的 AMC 24 正在播出的"若你离开我，我就杀你"。
shā lā ：nǐ jué dé qù kàn diàn yǐng rú hé? zài "bā kǎ lù" de AMC 24 zhèng zài bō chū de "ruò nǐ lí kāi wǒ, wǒ jiù shā nǐ".

康妮：我一直想看这部电影！我正有此意。你想事先出去吃个饭吗？
kāng nī ：Wǒ yīzhí xiǎng kàn zhè bù diànyǐng! Wǒ zhèng yǒu cǐ yì. Nǐ xiǎng shìxiān chūqù chī gè fàn ma?

莎拉：好啊。你想在哪里见面？
shā lā ：hǎo a. nǐ xiǎng zài nǎ lǐ jiàn miàn?

丽莎：我们在"红鸡屋"见面吧。我已经有一段时间没去那了。
lì shā ：wǒ men zài "hóng jī wū" jiàn miàn ba. wǒ yǐ jīng yǒu yī duàn shí jiān méi qù nà le.

康妮：好主意。我听说他们刚出一个新的意大利面。应该会好吃，而且"红鸡屋"总是拥有镇上最好吃的意大利美食。

kāng nī ： *hǎo zhǔ yì. wǒ tīng shuō tā men gāng chū yī gè xīn de yì dà lì miàn. yīng gāi huì hǎo chī, ér qiě "hóng jī wū" zǒng shì yōng yǒu zhèn shàng zuì hǎo chī de yì dà lì měi shí.*

莎拉：我们要约几点见面？

shā lā ： *wǒ men yào yuē jǐ diǎn jiàn miàn?*

丽莎：嗯，这部电影将在下午1点，下午2点，下午4点和下午6点播出。

lì shā ： *ń, zhè bù diàn yǐng jiāng zài xià wǔ 1 diǎn, xià wǔ 2 diǎn, xià wǔ 4 diǎn hé xià wǔ 6 diǎn bō chū.*

康妮：不如我们去下午4点那一场？我们可以在下午1点在"红鸡屋"见面。我们就有足够的时间。

kāng nī ： *bù rú wǒ men qù xià wǔ 4 diǎn nà yī chǎng? wǒ men kě yǐ zài xià wǔ 1 diǎn zài "hóng jī wū" jiàn miàn. wǒ men jiù yǒu zú gòu de shí jiān.*

MAKING PLANS

Connie: Lisa, tell me... What are your plans for this upcoming weekend?

Lisa: I don't know. Do you want to get together and do something?

Sarah: How do you feel about going to see a movie? AMC 24 on Parker Road is showing *If You Leave Me, I Delete You.*

Connie: I've been wanting to see that! It's like you read my mind. Do you want to go out to dinner beforehand?

Sarah: That's fine with me. Where do you want to meet?

Lisa: Let's meet at the Red Rooster House. It's been a while since I've been there.

Connie: Good idea again. I heard they just came out with a new pasta. It should be good because Red Rooster House always has the best Italian food in town.

Sarah: When should we meet?

Lisa: Well, the movie is showing at 1:00PM, 2:00PM, 4:00PM and 6:00PM.

Connie: Why don't we go to the 4:00PM show? We can meet at Red Rooster House at 1PM. That will give us enough time.

36. 寒假 – HÁN JIǍ
WINTER BREAK

特伦特：嘿杰瑞德，如果你准备好要走，把你所有的东西扔进后备箱并坐在前排座位上吧。

tè lún tè：hēi jié ruì dé, rú guǒ nǐ zhǔn bèi hǎo yào zǒu, bǎ nǐ suǒ yǒu de dōng xī rēng jìn hòu bèi xiāng bìng zuò zài qián pái zuò wèi shàng ba.

杰瑞德：好的，特伦特。谢谢你带我回家。通常我的父母会接我，但他们今晚必须工作到很晚。

jié ruì dé：hǎo de, tè lún tè. xiè xiè nǐ dài wǒ huí jiā. tōng cháng wǒ de fù mǔ huì jiē wǒ, dàn tā men jīn wǎn bì xū gōng zuò dào hěn wǎn.

特伦特：不用担心，我很高兴能帮忙。

tè lún tè：bù yòng dān xīn, wǒ hěn gāo xìng néng bāng máng.

杰瑞德：顺便问一下，我们下一场篮球比赛什么时候开始？

jié ruì dé：shùn biàn wèn yī xià, wǒ men xià yī chǎng lán qiú bǐ sài shén me shí hòu kāi shǐ?

特伦特：大概是寒假后的某个时候，但不管怎样，从现在起很长一段时间。你的寒假有没有什么计划？

tè lún tè：dà gài shì hán jiǎ hòu de mǒu gè shí hòu, dàn bù guǎn zěn yàng, cóng xiàn zài qǐ hěn zhǎng yī duàn shí jiān. nǐ de hán jiǎ yǒu méi yǒu shén me jì huà?

杰瑞德：应该没有。除了参加篮球训练，我将会去打工。

jié ruì dé：yīng gāi méi yǒu. chú le cān jiā lán qiú xùn liàn, wǒ jiāng huì qù dǎ gōng.

特伦特：打工？你得到一份新工作了吗？还是仍然在"推特"工作？

tè lún tè ：Dǎgōng? Nǐ dédào yī fèn xīn gōngzuòle ma? Háishì réngrán zài "tuī tè" gōngzuò?

杰瑞德：嗯，"推特"是一个很好的第一份工作，同事也真的很棒。可是，时间表非常急迫，这使得上学和工作变得困难。

jié ruì dé ：Ń, "tuī tè" shì yīgè hěn hǎo de dì yī fèn gōngzuò, tóngshì yě zhēn de hěn bàng. Kěshì, shíjiān biǎo fēicháng jípò, zhè shǐdé shàngxué hé gōngzuò biàn dé kùnnán.

特伦特：嗯，你在现在的新工作里做什么呢？

tè lún tè ：Ń, nǐ zài xiànzài de xīn gōngzuò lǐ zuò shénme ne?

杰瑞德：我正在从事技术销售工作。它是在电话中心。起初有点困难，但现在我已经习惯在电话里与陌生人交谈了。

jié ruì dé ：wǒ zhèng zài cóng shì jì shù xiāo shòu gōng zuò. tā shì zài diàn huà zhōng xīn. qǐ chū yǒu diǎn kùn nán, dàn xiàn zài wǒ yǐ jīng xí guàn zài diàn huà lǐ yǔ mò shēng rén jiāo tán le.

特伦特：哦，听起来不错。那你什么时候开始新工作？

tè lún tè ：ó, tīng qǐ lái bù cuò. nà nǐ shén me shí hòu kāi shǐ xīn gōng zuò?

杰瑞德：我从10月1日开始在"特玛丽卡"工作。你的寒假有什么计划吗？

jié ruì dé ：wǒ cóng 1 0 yuè 1 rì kāi shǐ zài "tè mǎ lì kǎ" gōng zuò. nǐ de hán jiǎ yǒu shén me jì huà ma?

特伦特：我正计划到阿斯彭来个滑雪之旅。如果你不是太忙于新工作，你也应该和我一起去。
tè lún tè ： *wǒ zhèng jì huà dào ā sī péng lái gè huá xuě zhī lǚ. rú guǒ nǐ bù shì tài máng yú xīn gōng zuò, nǐ yě yīng gāi hé wǒ yī qǐ qù.*

杰瑞德：哦，听起来很有趣！谢谢你的邀请。
jié ruì dé ： *ó, tīng qǐ lái hěn yǒu qù! xiè xiè nǐ de yāo qǐng.*

WINTER BREAK

Trent: Hey Jared, if you're ready to go just throw your all of your stuff in the trunk and ride in the front seat.

Jared: Alright, Trent. Thank you for giving me a ride home. Usually my parents pick me up, but they had to work late tonight.

Trent: No worries, I'm glad I could help.

Jared: By the way, when is our next basketball game?

Trent: It is sometime after winter break, but anyways it's a long time from now. Have you made any plans for the break though?

Jared: Not really. Other than going to basketball practice, I'll just be working.

Trent: Working? Did you get a new job or are you still working at Twisters?

Jared: Well, Twisters was a good first job and the people were really great to work with. However, the schedule was very demanding which made it difficult to go to school and work.

Trent: Well, what are you doing now at your new job?

Jared: I am working in technology sales. It's at a call center. It was a little difficult at first, but now I am used to talking to strangers on the phone.

Trent: Oh, that sounds great. When did you start the new job?

Jared: I have been with Techmerica since October 1st. Do you have any plans for break?

Trent: I am planning a snowboarding trip to Aspen. You should come if you're not too busy at the new job.

Jared: Oh, that sounds like fun! Thank you for the invitation.

37. 拜访医生 – BÀI FǍNG YĪ SHĒNG
VISITING THE DOCTOR

医生：早安，艾米。
yī shēng : zǎo ān, ài mǐ.

艾米：早安，医生。
ài mǐ : zǎo ān, yī shēng.

医生：看看你的病例，我了解说你一个月前就开始感到疲倦，之后你也开始患有偏头痛。你也有胃部不适和发烧，对吗？
yī shēng : kàn kàn nǐ de bìng lì, wǒ le jiě shuō nǐ yī gè yuè qián jiù kāi shǐ gǎn dào pí juàn, zhī hòu nǐ yě kāi shǐ huàn yǒu piān tóu tòng. nǐ yě yǒu wèi bù bù shì hé fā shāo, duì ma?

艾米：是的，医生。
ài mǐ : Shì de, yīshēng.

医生：让我做一个快速的身体检查。请深呼吸，屏住呼吸，然后呼气。再来一次。最近你的饮食和体重有没有变化？
yī shēng : Ràng wǒ zuò yīgè kuàisù de shēntǐ jiǎnchá. Qǐng shēnhūxī, píng zhù hūxī, ránhòu hū qì. Zàilái yīcì. Zuìjìn nǐ de yǐnshí hé tǐzhòng yǒu méiyǒu biànhuà?

艾米：最近我瘦了五磅，但我根本没有改变我的饮食习惯。
ài mǐ : zuì jìn wǒ shòu le wǔ bàng, dàn wǒ gēn běn méi yǒu gǎi biàn wǒ de yǐn shí xí guàn.

医生：你偶然会失眠吗？
yī shēng : nǐ ǒu rán huì shī mián ma?

艾米：我上床后都很难入睡。而且我也在夜间经常醒来。
ài mǐ ： wǒ shàng chuáng hòu dōu hěn nán rù shuì. ér qiě wǒ yě zài yè jiān jīng cháng xǐng lái.

医生：你喝酒和抽烟吗？
yī shēng ： nǐ hē jiǔ hé chōu yān ma?

艾米：没有。
ài mǐ ： méi yǒu.

医生：看来你患有肺炎。除此之外，我没有检查到任何其他问题。现在开始，你要多休息和多做一些运动。我要给你开一张肺炎的药。你有对什么药物过敏吗？
yī shēng ： Kàn lái nǐ huàn yǒu fèiyán. Chú cǐ zhī wài, wǒ méiyǒu jiǎnchá dào rènhé qítā wèntí. Xiànzài kāishǐ, nǐ yào duō xiūxí hé duō zuò yīxiē yùndòng. Wǒ yào gěi nǐ kāi yī zhāng fèiyán di yào. Nǐ yǒu duì shénme yàowù guòmǐn ma?

艾米：我想应该没有。
ài mǐ ： wǒ xiǎng yīng gāi méi yǒu.

医生：好的。饭后每天服药三次。
yī shēng ： hǎo de. fàn hòu měi tiān fú yào sān cì.

艾米：谢谢你，医生。
ài mǐ ： xiè xiè nǐ, yī shēng.

医生：不客气。
yī shēng ： bù kè qì.

VISITING THE DOCTOR

Doctor: Good morning, Amy.

Amy: Good morning, Doctor.

Doctor: Looking at your information, I see that you started feeling tired about a month ago, and then you started having migraines. You have also had an upset stomach and fever?

Amy: No, doctor.

Doctor: Let me do a quick physical checkup. Please take a deep breath, hold your breath, and then exhale. One more time please. Have you made any changes to your diet seen fluctuation in your weight recently?

Amy: I lost five pounds recently, but I haven't changed my diet at all.

Doctor: By chance do you suffer from insomnia?

Amy: It is difficult for me to fall asleep when I go to bed. I also wake up a lot during the night.

Doctor: Do you drink or smoke cigarettes?

Amy: No.

Doctor: It appears that you have pneumonia. Besides that, I do not see any other problems. For now, get some rest and do some exercise.

I am going to give you a prescription for the pneumonia. Are you allergic to any medications?

Amy: Not that I am aware of.

Doctor: Alright. Take this medication three times a day after you eat.

Amy: Thank you, Doctor.

Doctor: You are welcome.

38. 市场 - SHÌ CHǍNG
THE MARKET

劳拉：乔伊，今天早上妈妈上班前她让我去买菜。可是我需要完成我的学校功课。你能帮帮我吗？
láo lā : qiáo yī, jīn tiān zǎo shàng mā mā shàng bān qián tā ràng wǒ qù mǎi cài. kě shì wǒ xū yào wán chéng wǒ de xué xiào gōng kè. nǐ néng bāng bāng wǒ ma?

乔伊：我已经完成了我的家务了，所以我可以为你去商店。妈妈要你买什么？
qiáo yī : wǒ yǐ jīng wán chéng le wǒ de jiā wù le, suǒ yǐ wǒ kě yǐ wèi nǐ qù shāng diàn. mā mā yào nǐ mǎi shén me?

劳拉：除了鸡肉，鱼和蔬菜，我们还可以买任何我们想要的零食和早餐。她基本上想让我买足够整整一星期的食物。
láo lā : chú le jī ròu, yú hé shū cài, wǒ men hái kě yǐ mǎi rèn hé wǒ men xiǎng yào de líng shí hé zǎo cān. tā jī běn shàng xiǎng ràng wǒ mǎi zú gòu zhěng zhěng yī xīng qī de shí wù.

乔伊：早餐有什么特别的要求吗？
qiáo yī : zǎo cān yǒu shén me tè bié de yào qiú ma?

劳拉：我觉得是往常一样的燕麦片。
láo lā : Wǒ juédé shì wǎngcháng yīyàng de yànmài piàn.

乔伊：我不想每天都吃燕麦片。那我会买一些煎饼和糖浆。
qiáo yī : Wǒ bùxiǎng měitiān dū chī yànmài piàn. Nà wǒ huì mǎi yīxiē jiānbing hé tángjiāng.

劳拉：如果你要找煎饼，麻烦你在健康部分拿新的无麸质煎饼。我想试试看它的味道有什么不同。
láo lā： rú guǒ nǐ yào zhǎo jiān bǐng, má fán nǐ zài jiàn kāng bù fēn ná xīn de wú fū zhì jiān bǐng. wǒ xiǎng shì shì kàn tā de wèi dào yǒu shén me bù tóng.

乔伊：妈妈和爸爸还有足够的咖啡和奶精吗？
qiáo yī： mā mā hé bà bà hái yǒu zú gòu de kā fēi hé nǎi jīng ma?

劳拉：有，足够了。其实，你也应该买一些牛奶。也差不多快没了。
láo lā ： yǒu, zú gòu le. qí shí, nǐ yě yīng gāi mǎi yī xiē niú nǎi. yě chà bù duō kuài méi le.

乔伊：接下来，您想要什么零食？
qiáo yī： jiē xià lái, nín xiǎng yào shén me líng shí?

劳拉：我想要一些薯片。你可能想要你的巧克力饼干。
láo lā ： wǒ xiǎng yào yī xiē shǔ piàn. nǐ kě néng xiǎng yào nǐ de qiǎo kè lì bǐng gàn.

乔伊：我觉得我还是把所有这些东西写下来会更好，否则当我进入市场时我就会忘记。我可不想走两趟！
qiáo yī ： wǒ jué dé wǒ hái shì bǎ suǒ yǒu zhè xiē dōng xī xiě xià lái huì gèng hǎo, fǒu zé dāng wǒ jìn rù shì chǎng shí wǒ jiù huì wàng ji。 wǒ kě bù xiǎng zǒu liǎng tàng!

THE MARKET

Laura: Joy, before mom left for work this morning, she asked me to go grocery shopping. The problem is that I need to finish my school project. Can you go for me?

Joy: I am finished with my chores, so I can go to the store for you. What did mom want you to buy?

Laura: Besides chicken, fish and vegetables, we can buy whatever else we want for snacks and breakfast. She basically wanted me to buy enough groceries for the entire week.

Joy: Is there anything specifically you want for breakfast?

Laura: I guess some oatmeal as usual.

Joy: I don't want oatmeal every day. I will buy some pancakes and syrup then.

Laura: If you can find it, get the new gluten free pancakes in the health section please. I want to see if it tastes any different.

Joy: Is there still enough coffee and cream for mom and dad?

Laura: Yes, we do. In fact, you should buy some milk also. We almost out of it.

Joy: Next, what do you want for snacks?

Laura: Some chips would be fine with me. You probably want your chocolate cookies.

Joy: Knowing myself it's probably better that I write all these things down or else I will forget them by the time I get to the market. I would hate to have to make two trips!

39. 找一个公寓 – ZHĂO YĪ GÈ GŌNG YÙ
LET'S GET AN APARTMENT

帕特里克：嘿，乔希。你在这里做什么？
pà tè lǐ kè： *hēi, qiáo xī. nǐ zài zhè lǐ zuò shén me?*

乔希：我正在找一套出租的公寓。那你在这里做什么？你还在找公寓吗？
qiáo xī： *wǒ zhèng zài zhǎo yī tào chū zū de gōng yù. nà nǐ zài zhè lǐ zuò shén me? nǐ hái zài zhǎo gōng yù ma?*

帕特里克：是的。我父母的房子真的很远，所以我想找一个离学校和工作更近的公寓。
pà tè lǐ kè： *shì de. wǒ fù mǔ de fáng zi zhēn de hěn yuǎn, suǒ yǐ wǒ xiǎng zhǎo yī gè lí xué xiào hé gōng zuò gèng jìn de gōng yù.*

乔希：是的，说的也是。我还没有决定是否要留在宿舍或找个自己的公寓。
qiáo xī： *shì de, shuō de yě shì. wǒ hái méi yǒu jué dìng shì fǒu yào liú zài sù shè huò zhǎo gè zì jǐ de gōng yù.*

帕特里克：所以，你要找什么样的？
pà tè lǐ kè： *Suǒyǐ, nǐ yào zhǎo shénme yàng de?*

乔希：说实话我要求不高。我只需要的只是一个足够放我的床和桌子的房间。当然，需要一个厨房，这样我就可以做点饭，节省一点钱。
qiáo xī： *Shuō shíhuà wǒ yāoqiú bù gāo. wǒ zhǐ xū yào de zhǐ shì yī gè zú gòu fàng wǒ de chuáng hé zhuō zi de fáng jiān. dāng rán, xū yào yī gè chú fáng, zhè yàng wǒ jiù kě yǐ zuò diǎn fàn, jié shěng yī diǎn qián.*

帕特里克：这听起来也是我在寻找的要求。我不能像夏天那样全职工作。所以我将把大部分时间都花在课业上，也因为这样我将无法完全工作。我想我需要的只是安全，安静和干净的公寓。

pà tè lǐ kè ： *zhè tīng qǐ lái yě shì wǒ zài xún zhǎo de yào qiú. wǒ bù néng xiàng xià tiān nà yàng quán zhí gōng zuò. suǒ yǐ wǒ jiāng bǎ dà bù fēn shí jiān dōu huā zài kè yè shàng, yě yīn wèi zhè yàng wǒ jiāng wú fǎ wán quán gōng zuò. wǒ xiǎng wǒ xū yào de zhǐ shì ān quán, ān jìng hé gàn jìng de gōng yù.*

乔希：另一个问题是自己支付整套公寓。我找过的大多数地方都很贵。

qiáo xī ： *lìng yī gè wèn tí shì zì jǐ zhī fù zhěng tào gōng yù. wǒ zhǎo guò de dà duō shù dì fāng dōu hěn guì.*

帕特里克：你有想过一起分租公寓吗？如果您愿意，我们可以找到一套两居室的公寓并分租。可能会更便宜。

pà tè lǐ kè ： *nǐ yǒu xiǎng guò yī qǐ fēn zū gōng yù ma? rú guǒ nín yuàn yì, wǒ men kě yǐ zhǎo dào yī tào liǎng jū shì de gōng yù bìng fēn zū. kě néng huì gèng biàn yí.*

乔希：那就可以解决我们的问题。你想试试吗？

qiáo xī ： *nà jiù kě yǐ jiě jué wǒ men de wèn tí. nǐ xiǎng shì shì ma?*

帕特里克：好啊，这可是一个好主意。我们去看看这个，看看我们是否喜欢。

pà tè lǐ kè ： *hǎo a, zhè kě shì yī gè hǎo zhǔ yì. wǒ men qù kàn kàn zhè gè, kàn kàn wǒ men shì fǒu xǐ huān.*

LET'S GET AN APARTMENT

Patrick: Hey, Josh. What are you doing here?

Josh: I am looking for an apartment to rent. What are you doing here? Are you looking for an apartment also?

Patrick: Yes. My parents' house is really far away so I'd like to find an apartment that is closer to school and my job.

Josh: Ok, that makes sense. I still haven't decided if I want to stay in the dorms or get my own apartment.

Patrick: So, what are you looking for?

Josh: I don't need much to be honest. All I need is a place big enough for my bed and desk. Of course, it needs to have a kitchen so that I can cook my meals and save a little bit of money.

Patrick: That sounds like what I'm looking for too. I can't work full-time like I did during the summer. I will be spending most of my time studying so I won't be able to work as much. All I need is something safe, quiet and clean.

Josh: The other issue is paying for an entire apartment for myself. Most places I have seen are very expensive.

Patrick: Have you thought about sharing an apartment? If you want, we can find a two-bedroom apartment and share it. It may be cheaper that way.

Josh: That could solve our problem. Do you want to try it?

Patrick: Yes, that could be a great idea. Let's go check this one out and see if we like it.

40. 特许摊位 – TÈ XǓ TĀN WÈI
THE CONCESSSION STAND

西蒙：那边有一个小食摊。你们两个想要什么吗？
xī méng：*nà biān yǒu yī gè xiǎo shí tān. nǐ men liǎng gè xiǎng yào shén me ma?*

丹妮尔：我不需要，谢谢。我已经有一瓶水了。
dān nī ěr：*wǒ bù xū yào, xiè xie. wǒ yǐ jīng yǒu yī píng shuǐ le.*

基斯：我想要一包薯条和一杯冰啤酒。丹妮尔，你确定你不想要一份热狗吗？
jī sī：*wǒ xiǎng yào yī bāo shǔ tiáo hé yī bēi bīng pí jiǔ. dān nī ěr, nǐ què dìng nǐ bù xiǎng yào yī fèn rè gǒu ma?*

丹妮尔：我确定。我的妈妈正在做一顿美味的牛排晚餐，我想确保我不要在这里吃太多。
dān nī ěr：*wǒ què dìng. wǒ de mā mā zhèng zài zuò yī dùn měi wèi de niú pái wǎn cān, wǒ xiǎng què bǎo wǒ bù yào zài zhè lǐ chī tài duō.*

基斯：丹妮尔，你很幸运能你的母亲是个好厨师。西蒙，你最近可要品尝她的蓝莓派。无可否认，整个城镇都没有更好吃的派了。
jī sī：*dān nī ěr, nǐ hěn xìng yùn néng nǐ de mǔ qīn shì gè hǎo chú shī. xī méng, nǐ zuì jìn kě yào pǐn cháng tā de lán méi pài. wú kě fǒu rèn, zhěng gè chéng zhèn dōu méi yǒu gèng hǎo chī de pài le.*

丹妮尔：事实上，我妈妈今晚会在烘烤她的蓝莓派！如果你要，我可以让一片给你吃哦，西蒙。
dān nī ěr：*shì shí shàng, wǒ mā mā jīn wǎn huì zài hōng kǎo tā de lán méi pài! rú guǒ nǐ yào, wǒ kě yǐ ràng yī piàn gěi nǐ chī ó, xī méng.*

西蒙：别逗我玩吧！我当然想要。
xī méng：bié dòu wǒ wán ba! wǒ dāng rán xiǎng yào.

丹妮尔：基思，你呢？你要不要也来一块？
dān nī ěr：jī sī, nǐ ne？nǐ yào bù yào yě lái yī kuài?

西蒙：基斯，如果你还想要零食和啤酒，你最好现在就买了。差不多快下午3点了，电影即将开始。
xī méng：jī sī, rú guǒ nǐ hái xiǎng yào líng shí hé pí jiǔ, nǐ zuì hǎo xiàn zài jiù mǎi le. chà bù duō kuài xià wǔ 3 diǎn le, diàn yǐng jí jiāng kāi shǐ.

基斯：最后机会咯。你们确定不需要任何东西吗？
jī sī：zuì hòu jī huì gē. nǐ men què dìng bù xū yào rèn hé dōng xī ma?

丹妮尔：我很确定，谢谢基思。
dān nī ěr：wǒ hěn què dìng, xiè xiè jī sī.

西蒙：我也不要了，基思。
xī méng：wǒ yě bù yào le, jī sī.

基斯：好的，看好我的座位，我马上就回来。
jī sī：hǎo de, kàn hǎo wǒ de zuò wèi, wǒ mǎ shàng jiù huí lái.

THE CONCESSSION STAND

Simon: There is a food stand over there. Do you two want anything?

Danielle: Nothing for me, thanks. I already have my bottle of water.

Keith: I want a bag of chips and a cold beer. Are you sure you do not want a hot dog, Danielle?

Danielle: I am quite sure. My mom is cooking a good steak dinner, and I want to make sure I don't eat too much here.

Keith: Danielle, you are so lucky to have such a good cook for a mother. Simon, you have to taste her blueberry pie one of these days. Honestly, there's no better pie in this whole town.

Danielle: In fact, my mom is baking her blueberry pie tonight! I you would like, I will save you a piece, Simon.

Simon: Don't tease me with a good time! I would love that.

Danielle: How about you, Keith? A piece of cake for you too?

Simon: Keith, you better get your snacks and beer now if you still want them. It is almost 3:00PM, and the show is about to start.

Keith: Last chance to get something. Are you guys sure you don't want anything?

Danielle: I am sure, thank you Keith.

Simon: Me neither, Keith.

Keith: Ok, save my seat and I will be right back.

41. 午餐时间 – LUNCHTIME

艾米丽：特丽西娅，午餐后我可以借用你的手机打电话给我妈妈吗？
ài mǐ lì ： *tè lì xī yà, wǔ cān hòu wǒ kě yǐ jiè yòng nǐ de shǒu jī dǎ diàn huà gěi wǒ mā mā ma?*

特里西娅：好，当然可以，艾米丽。别忘了帮我们问候你妈妈。
tè lǐ xī yà ： *hǎo, dāng rán kě yǐ, ài mǐ lì. bié wàng le bāng wǒ men wèn hòu nǐ mā mā.*

迈拉：艾米丽，麻烦你可以帮我拿辣椒酱吗？
mài lā ： *ài mǐ lì, má fán nǐ kě yǐ bāng wǒ ná là jiāo jiàng ma?*

艾米丽：当然可以，在这里。
ài mǐ lì ： *dāng rán kě yǐ, zài zhè lǐ.*

迈拉：还有盐，拜托。谢谢。
mài lā ： *hái yǒu yán, bài tuō. xiè xiè.*

艾米莉：不客气。
ài mǐ lì ： *bù kè qì.*

特里西娅：如果我们在前往电影的途中经过"大书店"，你们会不会介意？
tè lǐ xī yà ： *rú guǒ wǒ men zài qián wǎng diàn yǐng de tú zhōng jīng guò "dà shū diàn", nǐ men huì bù huì jiè yì?*

艾米丽：不，完全不会。
ài mǐ lì ： *bù, wán quán bù huì.*

迈拉：我听说他们有新的书籍，所以我很想过去看看。
mài lā ： *wǒ tīng shuō tā men yǒu xīn de shū jí, suǒ yǐ wǒ hěn xiǎng guò qù kàn kàn.*

特里西娅：我点了太多的食物。你们可以帮我吃一些吗？
tè lǐ xī yà ： wǒ diǎn le tài duō de shí wù. nǐ men kě yǐ bāng wǒ chī yī xiē ma?

艾米丽：可以啊，我想要一些。看起来很好吃。
ài mǐ lì ： kě yǐ a, wǒ xiǎng yào yī xiē. kàn qǐ lái hěn hǎo chī.

特丽西娅：你要吗，迈拉？
tè lì xī yà ： nǐ yào ma, mài lā?

迈拉：不了，谢谢。我已经吃饱了。
mài lā ： bù le, xiè xiè. wǒ yǐ jīng chī bǎo le.

艾米莉：特丽西娅，你想品尝一下我的卷饼吗？
ài mǐ lì ： tè lì xī yà, nǐ xiǎng pǐn cháng yī xià wǒ de juǎn bǐng ma?

特里西娅：好啊，谢谢。
tè lǐ xī yà ： hǎo a, xiè xiè.

艾米丽：给你。你想要另一个吗？
ài mǐ lì ： gěi nǐ. nǐ xiǎng yào lìng yī gè ma?

特里西娅：哦，这太多了！谢谢。
tè lǐ xī yà ： ó, zhè tài duō le! xiè xiè.

迈拉：我想我们都吃完了？我们现在应该离开，以避免交通;否则我们会迟到的。
mài lā ： wǒ xiǎng wǒ men dōu chī wán le ？ wǒ men xiàn zài yīng gāi lí kāi, yǐ bì miǎn jiāo tōng ; fǒu zé wǒ men huì chí dào de.

特里西娅：你们准备好了就离开。
tè lǐ xī yà ： nǐ men zhǔn bèi hǎo le jiù lí kāi.

艾米丽：我也是。我们走吧。
ài mǐ lì ： wǒ yě shì. wǒ men zǒu ba.

LUNCHTIME

Emily: Tricia, May I borrow your cell phone to call my mother after lunch?

Tricia: Yes, of course, Emily. Don't forget to tell her we said hello.

Maira: Emily, could you pass the pepper, please?

Emily: Certainly, here you are.

Maira: And the salt too, please. Thank you.

Emily: You're welcome.

Tricia: Would either of you mind if we stop by Strand Bookstore on the way to the movie?

Emily: No, not at all.

Maira: I heard they have a new book selection so I would love to stop by and check it out.

Tricia: I ordered too much food. Would anybody care to try some of my food?

Emily: Yes, I would like some. It looks delicious.

Tricia: How about you, Maira?

Maira: No, thank you. I have enough food already.

Emily: Tricia, would you like to taste one of my fajitas?

Tricia: Yes, please.

Emily: Here you go. Do you want another?

Tricia: Oh, that is more than enough! Thank you.

Maira: I imagine we are all finished eating? We should leave now to avoid the traffic; otherwise we will be late.

Tricia: I am ready to leave whenever you all are.

Emily: So am I. Let's go.

42. 寻找工作 –
SEARCHING FOR A JOB

玛蒂尔达：嗨，保罗，很高兴见到你。
mǎ dì ěr dá：hāi, bǎo luō, hěn gāo xìng jiàn dào nǐ.

保罗：我也是，玛蒂尔达。自从上次我已经很久没见到你了。
bǎo luō：wǒ yě shì, mǎ dì ěr dá. zì cóng shàng cì wǒ yǐ jīng hěn jiǔ méi jiàn dào nǐ le.

玛蒂尔达：是的，我们最后一次看到对方是在万圣节。一切还好吧？
mǎ dì ěr dá：shì de, wǒ men zuì hòu yī cì kàn dào duì fāng shì zài wàn shèng jié. yī qiè hái hǎo ba?

保罗：我过得很好。如果我有一份新工作就更好了。
bǎo luō：wǒ guò dé hěn hǎo. rú guǒ wǒ yǒu yī fèn xīn gōng zuò jiù gèng hǎo le.

玛蒂尔达：为什么，你在找一份新工作吗？
mǎ dì ěr dá：wèi shén me, nǐ zài zhǎo yī fèn xīn gōng zuò ma?

保罗：嗯，我上周毕业了。现在，我想在财务领域找到一份工作。
bǎo luō：ń, wǒ shàng zhōu bì yè le. xiàn zài, wǒ xiǎng zài cái wù lǐng yù zhǎo dào yī fèn gōng zuò.

玛蒂尔达：你找工作也有一段时间了吧？
mǎ dì ěr dá：nǐ zhǎo gōng zuò yě yǒu yī duàn shí jiān le ba?

保罗：我这个星期刚开始。
bǎo luō：wǒ zhè gè xīng qī gāng kāi shǐ.

玛蒂尔达：你有准备了一份简历，对吧？
mǎ dì ěr dá：nǐ yǒu zhǔn bèi le yī fèn jiǎn lì, duì ba?

保罗：是的。
bǎo luō：shì de.

玛蒂尔达：那我也不担心了。你有很大的追求目标，而且我知道你会把所有的精力放在你想要的东西上。此外，就业市场目前非常好，所有公司都需要金融分析师。
mǎ dì ěr dá：nà wǒ yě bù dān xīn le. nǐ yǒu hěn dà de zhuī qiú mù biāo, ér qiě wǒ zhī dào nǐ huì bǎ suǒ yǒu de jīng lì fàng zài nǐ xiǎng yào de dōng xī shàng. cǐ wài, jiù yè shì chǎng mù qián fēi cháng hǎo, suǒ yǒu gōng sī dōu xū yào jīn róng fēn xī shī.

保罗：我希望如此。谢谢你的建议。
bǎo luō：wǒ xī wàng rú cǐ. xiè xiè nǐ de jiàn yì.

SEARCHING FOR A JOB

Matilda: Hi Paolo, it is good to see you.

Paolo: Same here, Matilda. It has been a long time since I last saw you.

Matilda: Yes, the last time we saw each other was around Halloween. How is everything?

Paolo: I am doing OK. It would be better if I had a new job.

Matilda: Why are looking for a new job?

Paolo: Well, I graduated last week. Now, I want to get a job in the Finance field.

Matilda: Have you been looking for a new job for a while?

Paolo: I just started this week.

Matilda: You have prepared a resume, right?

Paolo: Yes.

Matilda: I wouldn't worry then. You have a lot of ambition and I know you will put all of your energy into getting what you want. Besides, the job market is really good right now, and all companies need financial analysts.

Paolo: I hope so. Thank you for the advice.

43. 工作面试 – GŌNG ZUÒ MIÀN SHÌ
JOB INTERVIEW

休：欢迎扎克。我们开始面试吧。你准备好了吗？
xiū：huān yíng zhā kè. wǒ men kāi shǐ miàn shì ba. nǐ zhǔn bèi hǎo le ma?

扎克：是的，我准备好了。
zhā kè：shì de, wǒ zhǔn bèi hǎo le.

休：太好了。首先，让我正式的介绍一下自己。我是公司物流经理。我需要尽快填补入门级职位。
xiū：tài hǎo le. shǒu xiān, ràng wǒ zhèng shì de jiè shào yī xià zì jǐ. wǒ shì gōng sī wù liú jīng lǐ. wǒ xū yào jǐn kuài tián bǔ rù mén jí zhí wèi.

扎克：太棒了。你能告诉我一点关于这个位置和你的期望吗？
zhā kè：tài bàng le. nǐ néng gào sù wǒ yī diǎn guān yú zhè gè wèi zhì hé nǐ de qī wàng ma?

休：新员工必须与制造部门密切合作。还需要每天与银行打交道。
xiū：xīn yuán gōng bì xū yǔ zhì zào bù mén mì qiè hé zuò. hái xū yào měi tiān yǔ yín xíng dǎ jiāo dào.

扎克：你需要什么类型的资格？
zhā kè：nǐ xū yào shén me lèi xíng de zī gé?

休：我需要四年的工商管理大学学位。以前的一些工作经验会有所帮助。
xiū：wǒ xū yào sì nián de gōng shāng guǎn lǐ dà xué xué wèi. yǐ qián de yī xiē gōng zuò jīng yàn huì yǒu suǒ bāng zhù.

扎克：你在要求什么样的经验？
zhā kè：nǐ zài yào qiú shén me yàng de jīng yàn？

休：一般办在公室工作都可以。我不需要很多经验。这里将为入取的人提供在职培训。
xiū：yī bān bàn zài gōng shì gōng zuò dōu kě yǐ. wǒ bù xū yào hěn duō jīng yàn. zhè lǐ jiāng wèi rù qǔ de rén tí gōng zài zhí péi xùn.

扎克：太好了！
zhā kè：tài hǎo le!

休：你有什么优点吗？为什么我要聘用你？
xiū：nǐ yǒu shén me yōu diǎn ma？wèi shén me wǒ yào pìn yòng nǐ?

扎克：我是一个勤奋的人，也是一个快速学习者。我非常渴望学习，我与每个人相处得很好。
zhā kè：wǒ shì yī gè qín fèn de rén, yě shì yī gè kuài sù xué xí zhě. wǒ fēi cháng kě wàng xué xí, wǒ yǔ měi gè rén xiāng chù dé hěn hǎo.

休：好的。你不介意长时间工作，对吗？
xiū：hǎo de. nǐ bù jiè yì zhǎng shí jiān gōng zuò, duì ma?

扎克：不，我根本不介意。
zhā kè：bù, wǒ gēn běn bù jiè yì.

休：你能面对压力吗？
xiū：nǐ néng miàn duì yā lì ma?

扎克：可以。当我上学的时候，每个学期我上了5门课，每周至少工作25个小时。
zhā kè：kě yǐ. dāng wǒ shàng xué de shí hòu, měi gè xué qī wǒ shàng le 5 mén kè, měi zhōu zhì shǎo gōng zuò 2 5 gè xiǎo shí.

休：你此时对我还有什么问题吗？
xiū：*nǐ cǐ shí duì wǒ hái yǒu shén me wèn tí ma?*

扎克：没有，我想我对这份工作有很好的了解。
zhā kè：*méi yǒu, wǒ xiǎng wǒ duì zhè fèn gōng zuò yǒu hěn hǎo de le jiě.*

休：好的，扎克。很高兴认识你。谢谢你的到来。
xiū：*hǎo de, zhā kè. hěn gāo xìng rèn shì nǐ. xiè xiè nǐ de dào lái.*

扎克：很高兴见到你。谢谢你能见我。
zhā kè：*hěn gāo xìng jiàn dào nǐ. xiè xiè nǐ néng jiàn wǒ.*

JOB INTERVIEW

Hugh: Welcome Zach. Let's start the interview. Are you ready?

Zach: Yes, I am.

Hugh: Great. First of all, let me properly introduce myself. I am the company Logistics Manager. I need to fill an entry-level position as soon as possible.

Zach: Wonderful. Could you tell me a little bit about the position and your expectations?

Hugh: The new employee will have to work closely with the manufacturing department. There is also a requirement to deal with the bank on a daily basis.

Zach: What type of qualifications do you require?

Hugh: I require a four-year college degree in business administration. Some previous work experience would be helpful.

Zach: What kind of experience are you looking for?

Hugh: General office work is fine. I do not require a lot of experience. There will be on the job training for the right person.

Zach: That is great!

Hugh: What are your strengths? Why should I hire you?

Zach: I am a hard-working person and a fast learner. I am very eager to learn, and I get along fine with everyone.

Hugh: Alright. You do not mind working long hours, do you?

Zach: No, I do not mind at all.

Hugh: Can you handle pressure?

Zach: Yes. When I was going to school, I took 5 courses each semester while working at least twenty-five hours every week.

Hugh: Do you have any questions for me at this time?

Zach: No, I think I have a pretty good understanding of the job.

Hugh: Ok, Zach it was nice meeting you. Thank you for coming.

Zach: Nice meeting you too. Thank you for seeing me.

44. 发表演讲 – FĀ BIǍO YǍN JIǍNG
GIVING A PRESENTATION

莎莉：我很紧张，因为我必须在这个星期五对全球变暖的课题发表演讲。
shā lì ：wǒ hěn jǐn zhāng, yīn wèi wǒ bì xū zài zhè gè xīng qī wǔ duì quán qiú biàn nuǎn de kè tí fā biǎo yǎn jiǎng.

奥尔加：你可以试试做些事情可以让你感到更自信，而且更不会紧张。
ào ěr jiā ：nǐ kě yǐ shì shì zuò xiē shì qíng kě yǐ ràng nǐ gǎn dào gèng zì xìn, ér qiě gèng bù huì jǐn zhāng.

莎莉：我可以做什么，奥尔加？
shā lì ：wǒ kě yǐ zuò shén me, ào ěr jiā?

奥尔加：你有对这个课题做过研究吗？
ào ěr jiā ：nǐ yǒu duì zhè gè kè tí zuò guò yán jiū ma?

莎莉：事实上，我已在这个课题做过很多研究，而且我也知道我几乎可以回答任何来自观众的问题。
shā lì ：shì shí shàng, wǒ yǐ zài zhè gè kè tí zuò guò hěn duō yán jiū, ér qiě wǒ yě zhī dào wǒ jī hū kě yǐ huí dá rèn hé lái zì guān zhòng de wèn tí.

奥尔加：确保您已创建演示文稿概述。
ào ěr jiā ：què bǎo nín yǐ chuàng jiàn yǎn shì wén gǎo gài shù.

莎莉：你说的对。这将帮助我组织所有信息。
shā lì ：nǐ shuō de duì. zhè jiāng bāng zhù wǒ zǔ zhī suǒ yǒu xìn xī.

奥尔加：是的。 它将帮助你弄清楚应该出现的演讲稿，第一，第二，第三…
ào ěr jiā ：shì de. tā jiāng bāng zhù nǐ nòng qīng chǔ yīng gāi chū xiàn de yǎn jiǎng gǎo, dì yī, dì èr, dì sān ...

奥尔加：好主意！ 有真实的证明很重要，因为可以帮助您的演示文稿。 您当然希望演示文稿是可信的。
ào ěr jiā ：hǎo zhǔ yì! yǒu zhēn shí de zhèng míng hěn zhòng yào, yīn wèi kě yǐ bāng zhù nín de yǎn shì wén gǎo. nín dāng rán xī wàng yǎn shì wén gǎo shì kě xìn de.

莎莉：我现在要去做！ 谢谢。
shā lì ：wǒ xiàn zài yào qù zuò! xiè xiè.

奥尔加：你将会是一个很棒的演讲。
ào ěr jiā ：nǐ jiāng huì shì yī gè hěn bàng de yǎn jiǎng.

GIVING A PRESENTATION

Sally: I will have to give a presentation on global warming on Friday, and I am so nervous.

Olga: There are a lot of things you can do to make you feel more confident and less nervous.

Sally: What should I do, Olga?

Olga: Have you done your research on the topic?

Sally: In fact, I have done a lot of research on the subject, and I know I can answer almost any questions I will receive from the audience.

Olga: Make sure to create an outline of your presentation.

Sally: You're right. This will help me organize all of the information.

Olga: Yes. It will help you figure out what should present first, second, third…

Olga: Good idea! It is important to have facts to support your presentation. You want the presentation to be credible.

Sally: I'm going to do that right now! Thank you.

Olga: You're going to have a great presentation.

45. 毕业 – BÌ YÈ
GRADUATION

丽兹：那是一束美丽的鲜花。是给谁的？
lì zī： nà shì yī shù měi lì de xiān huā. shì gěi shéi de?

安妮：这些花是给我妹妹西尔维娅的。她今天毕业了。
ān nī： zhè xiē huā shì gěi wǒ mèi mèi xī ěr wéi yà de. tā jīn tiān bì yè le.

丽兹：应该很贵吧。
lì zī： yīng gāi hěn guì ba.

安妮：我花了七十元。
ān nī： wǒ huā le qī shí yuán.

丽兹：这很贵。
lì zī： zhè hěn guì.

安妮：我姐姐在过去的四年里一直在攻读学位。对我来说花这么多钱是值得的。
ān nī： wǒ jiě jiě zài guò qù de sì nián lǐ yī zhí zài gōng dú xué wèi. duì wǒ lái shuō huā zhè me duō qián shì zhí dé de.

丽兹：你真好。我希望我们今天毕业。这太令人兴奋了！
lì zī： nǐ zhēn hǎo. wǒ xī wàng wǒ men jīn tiān bì yè. zhè tài lìng rén xìng fèn le!

安妮：我们还有三年就也将完成了。可能在我们意识到之前，我们也毕业了。时间会过得非常快。
ān nī： wǒ men hái yǒu sān nián jiù yě jiāng wán chéng le. kě néng zài wǒ men yì shì dào zhī qián, wǒ men yě bì yè le. shí jiān huì guò dé fēi cháng kuài.

GRADUATION

Liz: That is a wonderful bouquet of flowers. Who is it for?

Annie: These flowers are for my sister Silvia. She is graduating today.

Liz: It must have cost you a fortune.

Annie: I paid seventy dollars for them.

Liz: That is quite expensive.

Annie: My sister worked very the last four years for her degree. To me spending that amount of money is worth it.

Liz: That is very nice of you. I wish we were graduating today. This is so exciting!

Annie: We only have another three years and we will be done also. We'll be graduating before we realize it. Time goes by very fast.

46. 万圣节 – Wàn shèng jié
Halloween

以利：艾莉森，明天就是万圣节佳，你知道吗？时间过得真快！今天就是10月30日了！你已经决定要穿什么服装了？

yǐ lì ： ài lì sēn, míng tiān jiù shì wàn shèng jié jiā, nǐ zhī dào ma? shí jiān guò dé zhēn kuài! jīn tiān jiù shì 10 yuè 30 rì le! nǐ yǐ jīng jué dìng yào chuān shén me fú zhuāng le?

艾莉森：我还是犹豫不决。我想穿烤面包机服装或饶舌歌手服装。我一直好奇为什么在万圣节装扮是一种传统。

ài lì sēn ： wǒ hái shì yóu yù bù jué. wǒ xiǎng chuān kǎo miàn bāo jī fú zhuāng huò ráo shé gē shǒu fú zhuāng. wǒ yī zhí hǎo qí wèi shén me zài wàn shèng jié zhuāng bàn shì yī zhǒng chuán tǒng.

以利：装扮让庆祝节日更有趣！

yǐ lì ： zhuāng bàn ràng qìng zhù jié rì gèng yǒu qù!

艾莉森：是的，我记得去年妈妈带我穿着猫装时很开心。以利，你知道你想要的是什么吗？

ài lì sēn ： shì de, wǒ jì dé qù nián mā mā dài wǒ chuān zhe māo zhuāng shí hěn kāi xīn. yǐ lì, nǐ zhī dào nǐ xiǎng yào de shì shén me ma?

以利：我想成为花栗鼠！

yǐ lì ： wǒ xiǎng chéng wèi huā lì shǔ!

艾莉森：这是个好主意！

ài lì sēn ： zhè shì gè hǎo zhǔ yì!

以利：太棒了！所以你将成为一名饶舌歌手，我将成为一名花栗鼠。我们去问妈妈，我们明天晚上可以自己去"不给糖就捣蛋"。

yǐ lì：tài bàng le! suǒ yǐ nǐ jiāng chéng wèi yī míng ráo shé gē shǒu, wǒ jiāng chéng wèi yī míng huā lì shǔ. wǒ men qù wèn mā mā, wǒ men míng tiān wǎn shàng kě yǐ zì jǐ qù "bù gěi táng jiù dǎo dàn".

艾莉森：好的，我们去问妈妈吧！

ài lì sēn：hǎo de, wǒ men qù wèn mā mā ba!

HALLOWEEN

Eli: Can you believe that tomorrow is Halloween Allison? Time goes by so fast! Today is October 30th! Have you already decided what costume you want to wear?

Allison: I'm still undecided. I want to wear either a toaster costume or a gangster rapper costume. I have always wondered why it's a tradition to dress up for Halloween.

Eli: Dressing up makes celebrating the holiday much more fun!

Allison: Yes, I remember having a lot of fun last year when mom took me around in a cat outfit. Do you know what you want to be yet, Eli?

Eli: I want to be a chipmunk!

Allison: That's a great idea!

Eli: Great! So, you will be a gangster rapper and I will be a chipmunk. Let's go ask mom if we can go trick-or-treating tomorrow night by ourselves.

Allison: Ok, let's go ask mom!

47. 在酒店 – ZÀI JIǓ DIÀN
AT A HOTEL

酒店接待员：晚上好。
jiǔ diàn jiē dài yuán：wǎn shàng hǎo.

以利：你好，晚上好。我的妻子和我需要一个房间过夜。你是否有房间吗？
yǐ lì：nǐ hǎo, wǎn shàng hǎo. wǒ de qī zi hé wǒ xū yào yī gè fáng jiān guò yè. nǐ shì fǒu yǒu fáng jiān ma?

酒店接待员：请问您有预订吗？
jiǔ diàn jiē dài yuán：qǐng wèn nín yǒu yù dìng ma?

以利：很不幸，我们没有预订。
yǐ lì：hěn bù xìng, wǒ men méi yǒu yù dìng.

酒店接待员：好的。让我检查一下，看看我们有什么房间。你很幸运。我们只剩下一个房间了。
jiǔ diàn jiē dài yuán：hǎo de. ràng wǒ jiǎn chá yī xià, kàn kàn wǒ men yǒu shén me fáng jiān. nǐ hěn xìng yùn. wǒ men zhǐ shèng xià yī gè fáng jiān le.

伊莱：太棒了。我们一整天都在开车，我们很累。我们只需要一个休息的地方休息一晚。
yī lái：tài bàng le. wǒ men yī zhěng tiān dū zài kāi chē, wǒ men hěn lèi. wǒ men zhǐ xū yào yī gè xiū xī dì dìfāng xiū xī yī wǎn.

酒店接待员：这个房间很好。这间舒适的客房配有一张特大号床和设备齐全的厨房。
jiǔ diàn jiē dài yuán：zhè gè fáng jiān hěn hǎo. zhè jiān shū shì de kè fáng pèi yǒu yī zhāng tè dà hào chuáng hé shè bèi qí quán de chú fáng.

以利：请问一晚多少钱？
yǐ lì ：qǐng wèn yī wǎn duō shǎo qián?

酒店接待员：这间客房的价格为 179 元。请问还有其他人和你一起待在房间里吗？
jiǔ diàn jiē dài yuán ：zhè jiān kè fáng de jià gé wèi 179 yuán. qǐng wèn hái yǒu qí tā rén hé nǐ yī qǐ dài zài fáng jiān lǐ ma?

以利：就只是我们两个人。我知道现在已经很晚了，但附近有餐馆吗？
yǐ lì ：jiù zhǐ shì wǒ men liǎng gè rén. wǒ zhī dào xiàn zài yǐ jīng hěn wǎn le, dàn fù jìn yǒu cān guǎn ma?

酒店接待员：酒店还有一家餐厅开放还有一小时。你想用信用卡支付房费吗？
jiǔ diàn jiē dài yuán ：jiǔ diàn hái yǒu yī jiā cān tīng kāi fàng hái yǒu yī xiǎo shí. nǐ xiǎng yòng xìn yòng kǎ zhī fù fáng fèi ma?

以利：是的。这是我的卡。
yǐ lì ：shì de. zhè shì wǒ de kǎ.

酒店接待员：谢谢。都准备好了。请你们享受其余的夜晚。
jiǔ diàn jiē dài yuán ：xiè xiè. dōu zhǔn bèi hǎo le. qǐng nǐ men xiǎng shòu qí yú de yè wǎn.

AT A HOTEL

Hotel Receptionist: Good evening.

Eli: Hello, good evening. My wife and I need a room for the night please. By chance do you have one available?

Hotel Receptionist: Do you have a reservation?

Eli: Unfortunately, we do not have a reservation.

Hotel Receptionist: Ok. Let me check and see what we have. It looks you're in luck. We have only one room left.

Eli: Excellent. We have been driving all day and we're very tired. We just need a place to relax for the rest of the night.

Hotel Receptionist: This room should do just fine then. It is a cozy room with a king size bed and full kitchen.

Eli: How much is it for the night?

Hotel Receptionist: It's $179 for the room. Is there anyone else staying in the room with you?

Eli: It's just the two of us. I know that it's late at night, but is there any restaurant open nearby?

Hotel Receptionist: There's a restaurant open for another hour in the hotel. Do you want to pay for the room with a credit card?

Eli: Yes. Here you go.

Hotel Receptionist: Thank you. You're all set. Enjoy the rest of the night.

48. 一个外国学生 – YĪ GÈ WÀI GUÓ XUÉ SHĒNG
A Foreign Student

德鲁：你好，你是麦克纳马拉太太吗？
dé lǔ：nǐ hǎo, nǐ shì mài kè nà mǎ lā tài tài ma?

麦克纳马拉夫人：是的，我是。你应该是德鲁。我们一直在等你。
mài kè nà mǎ lā fū rén：shì de, wǒ shì. nǐ yīng gāi shì dé lǔ. wǒ men yī zhí zài děng nǐ.

德鲁：我原本应该在两天前到达，但我的哥伦比亚的航班被推迟了。
dé lǔ：wǒ yuán běn yīng gāi zài liǎng tiān qián dào dá, dàn wǒ de gē lún bǐ yà de háng bān bèi tuī chí le.

麦克纳马拉夫人：嗯，我很高兴你安全到了，这才是最重要的。你想喝点茶吗？
mài kè nà mǎ lā fū rén：ń, wǒ hěn gāo xìng nǐ ān quán dào le, zhè cái shì zuì zhòng yào de. nǐ xiǎng hē diǎn chá ma?

德鲁：如果不是太麻烦的话，谢谢你。你的家好美。
dé lǔ：rú guǒ bù shì tài má fán de huà, xiè xiè nǐ. nǐ de jiā hǎo měi.

麦克纳马拉夫人：谢谢。我们五年前从哥伦比亚搬到了加利福尼亚，决定买这个房子。我们非常喜欢它。
mài kè nà mǎ lā fū rén：xiè xiè. wǒ men wǔ nián qián cóng gē lún bǐ yà bān dào le jiā lì fú ní yà, jué dìng mǎi zhè gè fáng zi. wǒ men fēi cháng xǐ huān tā.

德鲁：我给你带一份礼物。
dé lǔ：wǒ gěi nǐ dài yī fèn lǐ wù.

麦克纳马拉夫人：哦，太谢谢你了。这是一条漂亮的项链。谢谢。请问你会在这里待多久？
mài kè nà mǎ lā fū rén：ó, tài xiè xiè nǐ le. zhè shì yī tiáo piào liàng de xiàng liàn. xiè xiè. qǐng wèn nǐ huì zài zhè lǐ dài duō jiǔ?

德鲁：不客气。我打算在加利福尼亚呆五个月练习英语口语。我很期待到英语学校学习。
dé lǔ：bù kè qì. wǒ dǎ suàn zài jiā lì fú ní yà dāi wǔ gè yuè liàn xí yīng yǔ kǒu yǔ. wǒ hěn qī dài dào yīng yǔ xué xiào xué xí.

麦克纳马拉太太：好吧，让我带你去你的房间，你可以休息。旅途应该也累了吧。
mài kè nà mǎ lā tài tài：hǎo ba, ràng wǒ dài nǐ qù nǐ de fáng jiān, nǐ kě yǐ xiū xī. lǚ tú yīng gāi yě lèi le ba.

A FOREIGN STUDENT

Drew: Hello, are you Mrs. McNamara?

Mrs. McNamara: Yes, I am. You must be Drew. We have been expecting you.

Drew: I was supposed to arrive two days ago, but my flight out of Colombia was delayed.

Mrs. McNamara: Well, I'm glad that you made it safely, that's is what is most important. Would you like some tea?

Drew: I would love some, if it's not too much trouble. You have a beautiful home.

Mrs. McNamara: Thank you. We moved to California from Colombia five years ago and decided to buy this house. We absolutely love it.

Drew: I brought you a gift.

Mrs. McNamara: Oh, you shouldn't have. This is a beautiful necklace. Thank you. How long will you be here for?

Drew: You're welcome. I plan to stay in California for five months to practice speaking English. I am really excited to go to the English school and learn.

Mrs. McNamara: Well, let me show you your room and you can relax. You must be tired from all of the traveling.

49. 拖延 – TUŌ YÁN
PROCRASTINATION

斯科蒂：你的研究报告写好了吗？两星期后就要到期了。
sī kē dì：nǐ de yán jiū bào gào xiě hǎo le ma? liǎng xīng qī hòu jiù yào dào qī le.

梅雷迪思：还没有，我还没有开始写。下星期写还来得及。
méi léi dí sī：hái méi yǒu, wǒ hái méi yǒu kāi shǐ xiě. xià xīng qī xiě hái lái dé jí.

斯科蒂：我清楚地记得你上周和前一周所说的话。居然你在假期有这么多的空闲时间，你应该把报告完成。
sī kē dì：wǒ qīng chǔ dì jì dé nǐ shàng zhōu hé qián yī zhōu suǒ shuō de huà. jū rán nǐ zài jiǎ qī yǒu zhè me duō de kōng xián shí jiān, nǐ yīng gāi bǎ bào gào wán chéng.

梅雷迪思：问题是我在那堂课上都不明白，我想我可能需要找一个导师。否则我可能会整堂课都不及格。
méi léi dí sī：wèn tí shì wǒ zài nà táng kè shàng dū bù míng bái, wǒ xiǎng wǒ kě néng xū yào zhǎo yī gè dǎo shī. fǒu zé wǒ kě néng huì zhěng táng kè dōu bù jí gé.

斯科蒂：我有一个办法解决。不要考虑获得帮助并找个导师吧。
sī kē dì：wǒ yǒu yī gè bàn fǎ jiě jué. bù yào kǎo lǜ huò dé bāng zhù bìng zhǎo gè dǎo shī ba.

梅雷迪思：你说的也对。我需要积极主动并获得帮助。我明天开始找。
méi léi dí sī：nǐ shuō de yě duì. wǒ xū yào jī jí zhǔ dòng bìng huò dé bāng zhù. wǒ míng tiān kāi shǐ zhǎo.

斯科蒂：明天？不，你今天必须找到一位！
sī kē dì ：*míng tiān ？ bù, nǐ jīn tiān bì xū zhǎo dào yī wèi!*

梅雷迪思：我知道，我只是在开玩笑。我今天就做。
méi léi dí sī ：*wǒ zhī dào, wǒ zhǐ shì zài kāi wán xiào. wǒ jīn tiān jiù zuò.*

PROCRASTINATION

Scottie: Have you written your research report yet? It's due in two weeks.

Meredith: No, I haven't started working on it yet. I have plenty of time to do it next week though.

Scottie: I distinctly remember that's what you said last week and the week before that. Since you have so much free time during the holiday you should get it done.

Meredith: The problem is that I am struggling in that class and I think I might need to get a tutor. Otherwise I might fail the entire class.

Scottie: I have a solution. Stop thinking about getting help and get a tutor.

Meredith: You're right. I need to be proactive and get help. I start looking tomorrow.

Scottie: Tomorrow? No, you have to find one today!

Meredith: I know, I'm just kidding. I will do it today.

50. 我的弟弟在哪里 – WǑ DE DÌ DÌ ZÀI NǍ LǏ
WHERE'S MY BROTHER

卡莉莎：我找不到我的弟弟，丹尼尔。我以为他就在我身后，现在他失踪了。请你帮我。
kǎ lì shā：wǒ zhǎo bù dào wǒ de dì dì, dān ní ěr. wǒ yǐ wèi tā jiù zài wǒ shēn hòu, xiàn zài tā shī zōng le. qǐng nǐ bāng wǒ.

警察：他可能在人群中迷失了。在这假期，有很多人都在购物。请问他穿什么样的衣服？
jǐng chá：tā kě néng zài rén qún zhōng mí shī le. zài zhè jiǎ qī, yǒu hěn duō rén dōu zài gòu wù. qǐng wèn tā chuān shén me yàng de yī fú?

卡莉莎：他有一件蓝色外套和黑色短裤。他只有5岁。
kǎ lì shā：tā yǒu yī jiàn lán sè wài tào hé hēi sè duǎn kù. tā zhǐ yǒu 5 suì.

警察：我想我看到他进了更衣室。让我检查一下。他是金发吗？
jǐng chá：wǒ xiǎng wǒ kàn dào tā jìn le gèng yī shì. ràng wǒ jiǎn chá yī xià. tā shì jīn fā ma？

卡莉莎：是的。你找到他了吗？
kǎ lì shā：shì de. nǐ zhǎo dào tā le ma?

警察：不，那不是他。我们去隔壁的玩具店吧。
jǐng chá：bù, nà bù shì tā. wǒ men qù gé bì de wán jù diàn ba.

卡莉莎：他喜欢玩乐高积木，我应该早想到这一点！
kǎ lì shā：tā xǐ huān wán lè gāo jī mù, wǒ yīng gāi zǎo xiǎng dào zhè yī diǎn!

警察：我看到处都有很多孩我子。他们中有一个是你的弟弟吗？
jǐng chá：Wǒ kàn dàochù dōu yǒu hěnduō hái wǒ zi. Tāmen zhōng yǒu yīgè shì nǐ de dìdì ma?

卡莉莎：丹尼尔！你就在这，不要再那样跑开了！你把我吓死了！
kǎ lì shā：dān ní ěr! nǐ jiù zài zhè, bù yào zài nà yàng pǎo kāi le! nǐ bǎ wǒ xià sǐ le!

警察：请你留意他，以免再次发生这种情况。他自己四处游荡是很危险的。
jǐng chá：qǐng nǐ liú yì tā, yǐ miǎn zài cì fā shēng zhè zhǒng qíng kuàng. tā zì jǐ sì chù yóu dàng shì hěn wēi xiǎn de.

卡莉莎：你说的对。我会更好地看着他。
kǎ lì shā：nǐ shuō de duì. wǒ huì gèng hǎo de dì kàn zhe tā.

警察：好吧。现在去找你的父母，祝你有个美好的一天。
jǐng chá：hǎo ba. xiàn zài qù zhǎo nǐ de fù mǔ, zhù nǐ yǒu gè měi hǎo de yī tiān.

卡莉莎：谢谢警察叔叔的帮助。
kǎ lì shā：Xièxiè jǐngchá shūshu de bāngzhù.

WHERE'S MY BROTHER

Carissa: I can't find my little brother, Daniel. I thought he was right behind me and now he's missing. Please help me.

Police officer: He probably got lost in the crowd. There are a lot of people shopping for the holidays. What kind of clothes is he wearing?

Carissa: He has a blue jacket and black shorts. He's only 5 years old.

Police officer: I think I saw him go into the dressing room. Let me check. Does he have blonde hair?

Carissa: Yes. Did you find him?

Police officer: No, that was not him. Let's check the toy store next door.

Carissa: He loves playing with Legos, I should have thought of that!

Police officer: I see a lot of children everywhere. Are any of them your brother?

Carissa: Daniel! There you are, don't you wander off like that again! You scared me to death!

Police officer: Please keep an eye on him so that this doesn't happen again. It can be dangerous wandering around all by himself.

Carissa: You're right. I will take better care of watching him.

Police officer: Alright. Now go find your parents and have a good day.

Carissa: Thank you officer for all of your help.

Conclusion

Well reader, we hope that you found these dual language dialogues helpful. Remember that the best way to learn this material is through repetition, memorization and conversation.

We encourage you to review the dialogues again, find a friend and practice your Chinese by role playing. Not only will you have more fun doing it this way, but you will find that you will remember even more!

Keep in mind, that every day you practice, the closer you will get to speaking fluently.

You can expect many more books from us, so keep your eyes peeled. Thank you again for reading our book and we look forward to seeing you again.

About the Author

Touri is an innovative language education brand that is disrupting the way we learn languages. Touri has a mission to make sure language learning is not just easier but engaging and a ton of fun.

Besides the excellent books that they create, Touri also has an active website, which offers live fun and immersive 1-on-1 online language lessons with native instructors at nearly anytime of the day.

Additionally, Touri provides the best tips to improving your memory retention, confidence while speaking and fast track your progress on your journey to fluency.

Check out https://touri.co for more information.

OTHER BOOKS BY TOURI

SPANISH

Conversational Spanish Dialogues: 50 Spanish Conversations and Short Stories

Spanish Short Stories (Volume 1): 10 Exciting Short Stories to Easily Learn Spanish & Improve Your Vocabulary

Spanish Short Stories (Volume 2): 10 Exciting Short Stories to Easily Learn Spanish & Improve Your Vocabulary

Intermediate Spanish Short Stories (Volume 1): 10 Amazing Short Tales to Learn Spanish & Quickly Grow Your Vocabulary the Fun Way!

Intermediate Spanish Short Stories (Volume 2): 10 Amazing Short Tales to Learn Spanish & Quickly Grow Your Vocabulary the Fun Way!

100 Days of Real World Spanish: Useful Words & Phrases for All Levels to Help You Become Fluent Faster

100 Day Medical Spanish Challenge: Daily List of Relevant Medical Spanish Words & Phrases to Help You Become Fluent

FRENCH

Conversational French Dialogues: 50 French Conversations and Short Stories

French Short Stories for Beginners (Volume 1): 10 Exciting Short Stories to Easily Learn French & Improve Your Vocabulary

French Short Stories for Beginners (Volume 2): 10 Exciting Short Stories to Easily Learn French & Improve Your Vocabulary

Intermediate French Short Stories (Volume 1): 10 Amazing Short Tales to Learn French & Quickly Grow Your Vocabulary the Fun Way!

ITALIAN

Conversational Italian Dialogues: 50 Italian Conversations and Short Stories

PORTUGUESE

Conversational Portuguese Dialogues: 50 Portuguese Conversations and Short Stories

ARABIC

Conversational Arabic Dialogues: 50 Arabic Conversations and Short Stories

RUSSIAN

Conversational Russian Dialogues: 50 Russian Conversations and Short Stories

ONE LAST THING…

If you enjoyed this book or found it useful, we would be very grateful if you posted a short review.

Your support really does make a difference and we read all the reviews personally. Your feedback will make this book even better.

Thanks again for your support!